Irina Bosley

Wie schlau ist mein Kind?

So können Sie das geistige Potential von
8- bis 12-jährigen Kindern selbst einschätzen

Probeaufgaben, Tipps, Lösungsstrategien
für Erwachsene und 4 altersspezifische
Tests für Kinder

Irina Bosley

Wie schlau ist mein Kind?

So können Sie das geistige Potential von
8- bis 12-jährigen Kindern selbst einschätzen

Probeaufgaben, Tipps, Lösungsstrategien für Erwachsene
und 4 altersspezifische Tests für Kinder

- Wichtige Entscheidungen für das Kind treffen
- Potentiale in unterschiedlichen Bereichen der Intelligenz erkennen
- Intelligenzentwicklung durch spielerisches Lernen fördern
- Denkweisen grundlegend verändern
- Verborgene Motivationshaltungen aufspüren

Unser Buch-Shop im Internet
www.verlag-modernes-lernen.de

© 2016 by SolArgent Media AG, Division of BORGMANN HOLDING AG, Basel

Veröffentlicht in der Edition:
verlag modernes lernen GmbH & Co. KG · Schleefstraße 14 · D-44287 Dortmund

Gesamtherstellung in Deutschland: Löer Druck GmbH, Dortmund

Titelbild: © drubig-photo – Fotolia.com

Grafiken aus: www.freepik.com

Bestell-Nr. 1613   ISBN 978-3-8080-0765-5

Urheberrecht beachten!
Alle Rechte der Wiedergabe dieses Fachbuches zur beruflichen Weiterbildung, auch auszugsweise und in jeder Form, liegen beim Verlag. Mit der Zahlung des Kaufpreises verpflichtet sich der Eigentümer des Werkes, unter Ausschluss der § 52a/b und § 53 UrhG., keine Vervielfältigungen, Fotokopien, Übersetzungen, Mikroverfilmungen und keine elektronische, optische Speicherung und Verarbeitung (z. B. Intranet), auch für den privaten Gebrauch oder Zwecke der Unterrichtsgestaltung, ohne schriftliche Genehmigung durch den Verlag anzufertigen. Er hat auch dafür Sorge zu tragen, dass dies nicht durch Dritte geschieht. Der gewerbliche Handel mit gebrauchten Büchern ist verboten. (Die Kopiervorlagen auf den Seiten 232, 240, 248, 256, 264, stehen dem Käufer dieses Buches für den *nichtgewerblichen* Gebrauch zur Verfügung.)

Zuwiderhandlungen werden strafrechtlich verfolgt und berechtigen den Verlag zu Schadenersatzforderungen.

Inhalt

Teil 1: Grundlagen — 7

Einleitung — 7

Wann psychologische IQ-Tests eingesetzt werden — 10

Verfahren zur Messung von intellektuellen Fähigkeiten bei Kindern von 8 bis 12 Jahren — 12

Wie sich Konzentration und Motivation von Kindern erhöhen lassen — 14

Aufgaben aus diesem Buch im Überblick — 16

Sprachverständnis — 21

Wortschatz (WS) — 21

Allgemeines Verständnis (AV) — 24

Wörter erkennen (WE) — 29

Allgemeinwissen (AW) — 30

Verarbeitungskapazität — 33

Eingekleidete Rechenaufgaben (ER) — 33

Wortanalogien (WA) — 35

Tatsache oder Meinung (TM) — 37

Gemeinsamkeiten (GM) — 39

Logisches Denken — 43

Bildentwurf (BE) — 43

Matrizen (MZ) — 46

Logisches Ergänzen (LE) — 52

Figurenreihen (FR) — 54

Bearbeitungsgeschwindigkeit 61

Symbole finden (SF) 61

Bilder durchstreichen (BD) 66

Wörter gruppieren (WG) 71

Zahlen und Symbole (ZS) 72

Teil 2: Tests für Kinder von 8 bis 12 Jahre 75

Testaufbau und Durchführung des Tests 75

Einige Testregeln für Eltern und Kinder 77

Test für die Altersgruppe 8 bis 9 Jahre 79

Test für die Altersgruppe 9 bis 10 Jahre 115

Test für die Altersgruppe 10 bis 11 Jahre 151

Test für die Altersgruppe 11 bis 12 Jahre 187

Lösungen zu den Probeaufgaben für Erwachsene 225

    Auswertung Erwachsene 232

Lösungen zu den Testaufgaben für das Alter 8 bis 9 Jahre 233

    Auswertung 8–9 Jahre 240

Lösungen zu den Testaufgaben für das Alter 9 bis 10 Jahre 241

    Auswertung 9–10 Jahre 248

Lösungen zu den Testaufgaben für das Alter 10 bis 11 Jahre 249

    Auswertung 10–11 Jahre 256

Lösungen zu den Testaufgaben für das Alter 11 bis 12 Jahre 257

    Auswertung 11–12 Jahre 264

Verwendete Tests und Literatur 265

Teil 1: Grundlagen

Einleitung

Indem wir uns für Kinder entscheiden, lassen wir uns bewusst auf ein interessantes, lebendiges, vielseitiges, aber auch manchmal anstrengendes Vorhaben ein, das mindestens achtzehn Jahre lang unsere volle Aufmerksamkeit, alle unsere Begabungen, Kräfte und schöpferischen Ideen fordert. Wir müssen uns der Verantwortung bewusst sein, die mit dieser Entscheidung verknüpft ist.

Jedes Kindesalter hat seine Besonderheiten und sensiblen Punkte. Die Phase von 8 bis 12 wird dadurch gekennzeichnet, dass das Kind bereits seine eigene Identität gebildet hat, jedoch von den Eltern abhängig bleibt. Es ist eine dynamische, offene Lebensphase, die von einem Optimum an Denkfähigkeit und starken Gefühlen bestimmt ist. Kinder von 8 bis 12 denken sachbezogen und flexibel, sie sind aufmerksame Beobachter, die auch in der Lage sind, ihre Wahrnehmungsperspektive zu ändern oder aus einer Gesamtgestalt Wesentliches herauszutrennen. Daneben spielen Träume und Hoffnungen, Wünsche und Sehnsüchte eine bedeutende Rolle. Sie zeigen eine vitale Lust an Farben und Formen, Hören und Sehen, Fühlen und Begreifen. Sie befinden sich in einer Phase großer Kreativität und körperlicher Fitness. Dies ist eine Zeit des Übergangs, in der wir bemerken können, wie sehr oder wie wenig unser Kind uns noch braucht.

Die Bedingungen, unter denen unsere Kinder aufwachsen, können wir zwar beeinflussen, aber nicht kurzfristig ändern. Einerseits ist Kindheit heute vom materiellen Reichtum geprägt: Süßigkeiten, elektronische Medien etc. gibt es in einem Übermaß wie nie zuvor. Gleichzeitig treten jedoch soziale Unsicherheit, Armut, Umweltzerstörung immer deutlicher in das Bewusstsein der Kinder. Freunde, Nachbarskinder, Kindergarten- und Schulkameraden mögen mit zunehmendem Alter für Ihr Kind immer wichtiger werden. Doch von uns, den Eltern, mit denen es seine ersten Lebensjahre verbringt, übernimmt es seine wichtigsten Grundeinstellungen.

Das Zusammenspiel von Erbgut und Umwelteinflüssen macht jeden Menschen zu einem einzigartigen Wesen. Diese Individualität ist die große Chance, denn sie eröffnet dem Kind die Möglichkeiten, die keinem anderen Menschen in der gleichen Weise offen stehen. Zu mindestens 50 Prozent sind Intelligenzunterschiede bei Kindern auf ererbte Anlagen zurückzuführen. Das ist aber eine ganze Menge, wenn aus diesen 50% etwas gemacht wird: Aus einem Kind, das mit unterdurchschnittlichen intellektuellen Anlagen zur Welt gekommen ist, kann ein Mensch mit durchschnittlich guter Intelligenz werden, wenn es von Anfang an klug und liebevoll gefördert wird. Ein Kind mit überdurchschnittlichen Anlagen kann dagegen geistig verkümmern, wenn es über längere Zeit zuwenig geistige Nahrung bekommt. Denn sicher ist: Der Geist wächst an seinen Aufgaben.

Wie können Sie aber überhaupt die Intelligenz Ihres Kindes einschätzen, und was ist damit eigentlich gemeint? Folgende Anhaltspunkte können Ihnen helfen: Wer intelligent ist, kann zum Beispiel konkrete und abstrakte Probleme gezielt angehen und lösen, Beziehungen, Vorgänge und Zusammenhänge verstehen, analysieren und altersgemäß in Worte fassen, neue Ideen entwickeln.

Wenn die Zufriedenheit Ihres Kindes, seine Ausgeglichenheit, sein gutes Selbstwertgefühl und seine Freude am Lernen Ihnen wichtig sind, sollten Sie Ihr Kind optimal fördern. Hier sind einige Anhaltspunkte zu beachten.

- Kinder brauchen Zeit und Zuwendung. Je mehr Eltern ihrem Kind davon schenken, desto positiver verläuft seine sprachliche und intellektuelle Entwicklung.
- Kinder brauchen Anregungen, Dinge zum Anfassen.
- Kinder brauchen Zeit, um Informationen zu verarbeiten.
- Informationen und Anregungen, die Eltern ihren Kindern geben, sollten möglichst klar und eindeutig sein. Morgen dürfen nicht andere Regeln gelten als heute.
- Kinder brauchen Bewegung, um lernen zu können.

Kinder lernen spielend. Die Natur hat ihnen alle Voraussetzungen dafür mitgegeben. Dennoch ist es geradezu lebenswichtig für jedes Kind, dass es bei seiner Entwicklung unterstützt wird, dass es Ermunterung und Rückhalt bekommt, dass durch liebevolle Zuwendung der Eltern sowohl immer neue Anreize als auch die nötigen Ruhephasen geschaffen werden.

Wo immer Sie dieses Buch aufschlagen, können Sie eine spannende Entdeckungsreise beginnen. Wie Sie dabei Ihr eigenes geistiges Potential ausschöpfen und ein Gespür für die Fähigkeiten und Bedürfnisse Ihres Kindes entwickeln, vermitteln Ihnen insgesamt zwei Teile.

Der erste Teil enthält eine detaillierte Erklärung zu den getesteten Bereichen der Intelligenz sowie eine Einführung in die Testaufgaben. Hier finden Sie zahlreiche Tipps und Strategien, die Ihnen selbst bei der Einarbeitung in die Übungstests helfen sollen. Die Anregungen und Übungsaufgaben bieten außer Kurzweil noch viel mehr. Sie vermitteln auf spielerische Weise überraschende Einsichten und zeigen, wie Sie auf unkonventionellen Wegen Probleme besser und eleganter angehen und lösen können. Es wird von Ihnen erwartet, dass Sie bei der Durchführung des Tests mit Ihrem Kind die Rolle des Testleiters übernehmen. Wie ein qualifizierter Psychologe müssen Sie sich im voraus mit den Testaufgaben auseinandersetzen, um in der Lage zu sein, sie zu einem späteren Zeitpunkt Ihrem Kind zu erklären. Sie können den für Sie bestimmten Stoff von Anfang bis zum Ende durcharbeiten oder die Inhalte gezielt nach Ihren Bedürfnissen auswählen. Ihnen ist es freigestellt, ob Sie bei einigen Aufgaben (falls gefordert) nach Zeit arbeiten. Um Ihre eigenen Ergebnisse auswerten zu können, sollten Sie jedoch die Zeitvorgabe beachten. Viel Spaß beim Stöbern durch Erklärungen, Tipps, Bearbeitungsstrategien, Beispiele und Probeaufgaben auf Erwachsenenniveau ist garantiert. Wichtig ist, die Einarbeitung in die Aufgaben vor dem Testen des Kindes alleine durchzuführen. Sonst fühlt sich das Kind übersehen und richtet seine Aufmerksamkeit auf andere Dinge.

Der zweite Teil besteht aus vier Abschnitten. Mit den vier Tests für die Alterskategorien 8 bis 9, 9 bis 10, 10 bis 11 und 11 bis 12 Jahre mit jeweils 16 Untertests werden Potentiale in folgenden Bereichen der Intelligenz ermittelt: Sprachverständnis, Verarbeitungskapazität, logisches Denken, Verarbeitungsgeschwindigkeit. Die offiziellen psychologischen IQ-Tests sind urheberrechtlich geschützt und dürfen nur von Fachleuten eingesetzt werden. Deshalb wurden die Testaufgaben in diesem Buch von mir erarbeitet und neu kombiniert. Fast alle Untertests weisen Steigerungen im Schwierigkeitsgrad auf, so dass höhere geistige Beanspruchung und Leistungen erreicht werden. Hinweise zur Durchführung des Tests sind im Kapitel „Testaufbau und Durchführung des Tests" enthalten.

Das Lösen von Testaufgaben stellt sowohl für Sie, als auch für Ihr Kind eine gewisse Anstrengung dar. Sie als Eltern haben schon mal ein Lob für Ihren Ehrgeiz, Ihr Interesse und Ihren Spaß am Neuen und Freude über Ihren Wissenszuwachs verdient. Ermöglichen Sie Ihrem Kind also unbedingt auch das Glücksgefühl durch Ihr Lob. Ein Erfolg spornt zu neuen Erfolgen an und wird Ihr Kind in Zukunft motivieren.

Es wäre zu wünschen, dass möglichst viele Eltern aus diesem Buch den Nutzen ziehen, sich selbst besser zu begreifen sowie ihren Kindern zu helfen, ihre mentalen Fähigkeiten zu entfalten. Denn je mehr Eltern über die einzelnen Entwicklungsschritte ihres Kindes wissen, desto leichter fällt es ihnen, in jeder Phase seine Bedürfnisse zu befriedigen. Auf alle Fälle gehört dazu eine gemeinsame Freude am Lernen.

Irina Bosley

Wann psychologische IQ-Tests eingesetzt werden

Intelligenztests werden oft von den Eltern in Auftrag gegeben, die vor allem Ansatzpunkte für eine gezielte Förderung ihres Kindes haben möchten. Der frühestmögliche Zeitpunkt für eine Testung liegt vor, wenn das Kind einer Testsituation gewachsen ist. In der Regel ist das bereits im Kindergartenalter der Fall. Beispiele: K-ABC Kaufmann Assessment Battery for Children (ab 2;6 Jahre), KFT-K Kognitiver Fähigkeitstest für das Kindergartenalter (ab 4;7 Jahre), BIVA Bildbasierter Intelligenztest für das Vorschulalter (ab 3;6 Jahre), und CFT 1-R Culture-Fair-Test (ab 5;3 Jahre). Für jedes Alter gibt das Testergebnis eine recht verlässliche Aussage über das intellektuelle Potential eines Kindes ab. Jedoch ist es möglich, dass bei einer wiederholten Testung zu einem späteren Zeitpunkt ein abweichendes Ergebnis vorliegt. Es kann daran liegen, dass die aktuelle Situation des Kindes (Förderung, Zuwendung, soziales Umfeld usw.) sich verändert hat. Daher ist es sinnvoll, Tests zu bestimmten Zeitpunkten zu wiederholen.

Außer der Ermittlung des IQ-Wertes eines Kindes ist es mittels eines IQ-Tests möglich, eine individuelle Profilanalyse der Stärken und Schwächen des Kindes zu erstellen, um auf dieser Basis eine gezielte Förderung einzusetzen. Die Ergebnisse der einzelnen Untertests können eine Interpretation zu den Fragestellungen geben, wie etwa:

- Wo liegen die Stärken des Kindes und seine Besonderheiten?
- In welchen Bereichen der Intelligenz soll das Kind besonders gefördert werden?
- Worauf soll bei der Erziehung geachtet werden?
- Nutzt das Kind sein Potential tatsächlich voll?
- Ist das Kind minder- oder hochbegabt?
- Welche Schulform ist für das Kind die richtige?

Nachfolgend werden einige Einsatzbereiche von Intelligenztests erläutert.

Feststellung des sonderpädagogischen Förderbedarfs und/oder des allgemeinen Leistungsniveaus

Ein sonderpädagogischer Förderbedarf kann bestehen, wenn die Bildungs-, Entwicklungs- und Lernmöglichkeiten des Kindes so beeinträchtigt sind, dass es im Unterricht der allgemeinen Schule ohne sonderpädagogische Unterstützung nicht hinreichend gefördert werden kann.

Bei der Feststellung des sonderpädagogischen Förderbedarfs müssen das Umfeld des Kindes einschließlich der Schule und die persönlichen Fähigkeiten, Interessen und Erwartungen gleichermaßen berücksichtigt werden. Daher sind Voraussetzungen und Perspektiven der Bereiche der Entwicklung wie Motorik, Wahrnehmung, Kognition, Motivation, sprachliche Kommunikation, Interaktion, Emotionalität und Kreativität in eine Kind-Umfeld-Analyse mit einzubeziehen.

Sonderfälle wie Rechenschwäche, LRS oder ADHS

RS ist die Abkürzung für „Rechenschwäche" oder auch „Dyskalkulie". Von einer Rechenstörung spricht man, wenn nach festgelegten diagnostischen Kriterien die Rechenleistungen des Kind deutlich unter dem Altersdurchschnitt liegen. Bei der Rechenstörung geht man im deutschsprachigen Raum von einer Häufigkeit von 4,4 bis 6,7 Prozent aus (vgl.: Aster/Lorenz [Hrsg.] [2005]): Rechenstörungen bei Kindern. Göttingen: Vandenhoeck). Dies bedeutet, dass sich statistisch gesehen in einer durchschnittlich großen Klasse mit 25 Schülern zumindest ein Kind mit einer Rechenstörung befindet. Zur Rechenstörung treten häufig zusätzlich andere Schwierigkeiten auf, wie z. B. Lese-Rechtschreib-Schwäche (LRS) oder ADHS.

LRS ist die Abkürzung für „Lese-Rechtschreib-Schwäche", häufig wird aber auch die rein beschreibende Bezeichnung „Lese-Rechtschreibschwierigkeiten" verwendet. Kinder mit LRS haben zu Beginn der Schulzeit meist große Schwierigkeiten, einfache Wortreime zu bilden, Buchstaben korrekt zu benennen und Laute korrekt zu analysieren. Lange Wörter können sie beim Lesen nicht sinnvoll gliedern, die Lesegeschwindigkeit ist sehr niedrig und das Textverständnis eingeschränkt. Vermehrtes Üben bringt bei den betroffenen Kindern keine sichtbaren Erfolge – vielmehr werden unter Umständen sogar Fehler eingeübt und weitere Misserfolge erzeugt.

ADHS ist die Abkürzung für „Aufmerksamkeitsdefizit-Hyperaktivitätsstörung". Anweisungen zu befolgen und regelmäßigen Tätigkeiten nachzugehen macht Menschen mit ADHS Schwierigkeiten, dafür sind sie offen für alles Neue und zeichnen sich durch hohe Kreativität aus. Menschen mit ADHS sind oft unorganisiert und handeln impulsiv. Sie haben einen ausgeprägten Gerechtigkeitssinn und sind sehr hilfsbereit.

Verhaltensstörungen bei Kindern

Viele Eltern klagen über Verhaltensprobleme ihrer Kinder. Sie seien trotzig, hielten sich nicht an bestehende Regeln oder hätten häufig Wutausbrüche. Aber nicht jede Auffälligkeit bedeutet, dass Ihr Kind Verhaltensstörungen zeigt.

Bei Verhaltensstörungen treten bestimmte Verhaltensmuster in besonders starkem Maß und über einen Zeitraum von mindestens einem halben Jahr in mehreren Lebensbereichen des Kindes auf. Wenn bestimmte Verhaltensweisen aber untypisch für die altersgemäße kindliche Entwicklung sind, wenn sie diese sogar gefährden oder andere Probleme im Leben des Kindes verursachen, können das auch Hinweise auf Verhaltensstörungen sein.

Diese Ausprägungen können auf Verhaltensstörungen bei Ihrem Kind hindeuten: Störung des Sozialverhaltens, Aggressivität, ausgeprägtes Trotzverhalten, Unreife, soziale Unsicherheit und starke Schüchternheit, kriminelles Verhalten, Aufmerksamkeitsstörung, Angststörungen. Ebenso vielfältig, wie die Art der Verhaltensstörungen, sind auch ihre Ursachen. Verhaltensstörungen können sowohl durch Fehler in der Erziehung, als auch durch psychische Faktoren oder bestimmte Schädigungen des Gehirns ausgelöst werden.

Verhaltensprobleme können auch ein Anzeichen für Hoch- oder Minderbegabung sein. Um zu erkennen, ob es sich um ein hoch- oder minderbegabtes Kind handelt, muss man beobachten, ob sich sein Verhalten in spezifischen Situationen wiederholt und auf bestimmte Aktivitäten beschränkt. Ebenso kann man das Verhalten des Kindes bei Gruppenaktivitäten mit anderen Kindern, die seine Interessen teilen, mit denen vergleichen, bei denen es Verhaltensstörungen zeigt. Zeigt es sich konzentriert, engagiert und kooperativ, ist es wahrscheinlich, dass es sich in den anderen Situationen langweilt.

Schullaufbahnberatung

In den meisten Bundesländern müssen sich Eltern mit Kindern im 10. Lebensjahr entscheiden, auf welche Schule ihr Kind zukünftig gehen soll. Wer nicht auf eine Waldorfschule oder eine andere Modellschule geht, hat nach der vierten oder sechsten Grundschulklasse die Qual der Wahl.

Je leichter die Fähigkeiten und Begabungen Ihres Kindes zu erkennen sind, desto leichter fällt die entsprechende Entscheidung. Leistungswille, Intelligenz, Begabung, Lerntempo und Selbstbewusstsein eines Kindes sollten bestimmen, wie sein weiterer Schulweg aussieht. Seine Wünsche für die eigene Zukunft, sein Interesse an Neuem und die individuelle Lernbereitschaft sind entscheidend. Aber auch die Noten in den Hauptfächern zeigen, was es leisten kann. Eindeutig ist die Entscheidung über die weitere Schullaufbahn nur bei extrem guten oder extrem schlechten Testleistungen der Schüler. Doch die meisten Kinder liegen eher im Mittelfeld. Es ist allerdings nicht zwingend erforderlich, extrem gute Testleistungen zu erbringen, um einem Kind Potential zu universellen kognitiven Hochleistungen zu attestieren und damit eine Empfehlung für das Gymnasium zu erteilen. Es genügt auch, wenn individuelle Schwächen durch gegebene Stärken (Persönlichkeitsmerkmale wie selbständiges Arbeiten, Motivation und Ehrgeiz) kompensiert bzw. sie durch spezifische Fördermaßnahmen leicht gesteigert werden können. Entscheidend ist auch, ob Sie als Eltern Ihrem Kind den nötigen Rückhalt für die erhöhten Leistungsanforderungen des Gymnasiums geben können.

Falls Sie weiterhin unsicher sind, welche Schulform für Ihr Kind die richtige ist, sollten Sie unbedingt noch weitere Meinungen einholen, bevor der Übertritt erfolgt. Auch Beratungslehrer, Fachleute von Erziehungsberatungsstellen oder Schulpsychologen sollten Sie miteinbeziehen, um für Ihr Kind die geeignete Schulform zu finden.

Verfahren zur Messung von intellektuellen Fähigkeiten bei Kindern von 8 bis 12 Jahren

Zur Beurteilung des intellektuellen Leistungspotentials müssen standardisierte psychologische Tests verwendet werden. In jedem Test werden jeweils die Merkmale untersucht, die nach Meinung des Testautors wesentlich sind. Durch seine Aufgabenauswahl legt der Autor fest, was er unter Intelligenz versteht, so dass jeder IQ-Test eine andere Art von Intelligenz misst. Es sollte sich um die neuesten Versionen handeln, deren Normierung

(Ermittlung von durchschnittlichen Testpunkten für bestimmte Personengruppen) aktuell ist.

Zu aktuellen und anerkannten Testverfahren, die bei Kindern im Alter von 8 bis 12 Jahren eingesetzt werden können, gehören zum Beispiel die folgenden Tests (die Zahl nach dem Semikolon bei der Zielgruppe bezeichnet die Monate):

Testname	Abkürzung	Zielgruppe	Messgegenstand
Adaptives Intelligenz Diagnostikum 3	AID	6;0–15;11 Jahre	Verbal-akustische Fähigkeiten, Manuell-visuelle Fähigkeiten
Grundintelligenztests	CFT1-R	5;3–9 Jahre	Grundintelligenz
	CFT 20 R	8;5–19 Jahre	Grundintelligenz
Kaufmann Assessment Battery for Children	K-ABC	2;6–12;5 Jahre	Einzelheitliches Denken, Ganzheitliches Denken, Fertigkeiten
Kognitive Fähigkeitstests	KFT-1-3	1.–3. Klasse	Allgemeine Intelligenz, schulische Leistungsfähigkeit
	KFT 4-12 R	4.–12. Klasse	Sprachliche, quantitative und nonverbal-figurale Fähigkeiten
Münchner Hochbegabungstestbatterie	MHBT-P	3.–4. Klasse	Begabungsdimensionen, Persönlichkeits- und soziale Umweltmerkmale
Raven Matrizentests	CPM	3;9–11;8 Jahre	Kognitive Fähigkeiten
Wechsler Intelligence Scale for Children	WISC-IV (HAWIK-IV)	6;0–16;11 Jahre	Allgemeine Intelligenz

So komplex, wie das menschliche Hirn arbeitet, können herkömmliche Tests überhaupt nicht messen. Tatsache ist aber: Die Vorhersagekraft gängiger Intelligenztests erweist sich immer wieder als sehr groß. Ein Kind mit einem IQ unter dem statistischen Mittelwert von 100 wird in der Schule mit ziemlicher Sicherheit weniger erfolgreich sein, als das Kind mit dem relativ hohen IQ 120. Intelligenzforscher sind sich heute weitgehend einig, dass Tests gute Instrumente sind, um abstraktes Denken, Lern- und Problemlösungsvermögen zu messen, nicht aber Dinge wie Motivation oder schöpferische und gestalterische Fähigkeiten.

Die Vorhersagekraft der Untersuchung steigt, wenn der testende Psychologe neben den Ergebnissen des Fragebogens zusätzlich die Motivation des Kindes und seinen familiären Hintergrund berücksichtigt.

Wie sich Konzentration und Motivation von Kindern erhöhen lassen

Bei Themen, die uns innerlich bewegen oder die aus irgendeinem Grund für uns von Bedeutung sind, fällt es uns sicherlich sehr leicht, bei der Sache zu bleiben. Das bedeutet, dass eine positive innere Einstellung eine weitere wichtige Voraussetzung für das Gelingen unserer Konzentration ist.

Konzentration ist nicht nur höchste Aufmerksamkeit, sondern auch die Fähigkeit, sich mit einer Aufgabe oder Sache über einen längeren Zeitraum auseinanderzusetzen. Nur, wenn wir uns auf eine Sache voll konzentrieren, nehmen wir sie bewusst wahr und können sie optimal speichern. Konzentrationsmangel zeigt sich durch Vergesslichkeit, motorische Unruhe, Flüchtigkeitsfehler.

Ein unkonzentriertes Kind lässt sich durch kleinste Geräusche ablenken, schaut verträumt aus dem Fenster, unterbricht ständig seine Arbeit, rutscht unruhig auf seinem Stuhl hin und her oder spielt bei jeder Gelegenheit mit Gegenständen oder mit seinen Fingern. Solche Kinder brauchen immer wieder neue Anregungen und müssen immer wieder neu motiviert werden. Sonst verlieren sie leicht die Lust an einer Sache, da sie alleine oft Vieles nicht zu Ende bringen. Ihre Begeisterungsfähigkeit ist wie ein auflodendes Feuer, das meistens sehr schnell erlischt.

So können Sie die Konzentration Ihres Kindes erhöhen:

- **Einen Zeitplan aufstellen.** Wenn man den Stundenplan und bevorstehende Klassenarbeiten nur ungefähr im Kopf hat, kann es vorkommen, dass wichtige Termine vergessen oder verdrängt werden. Um unnötigen Lernstress zu vermeiden, benötigt das Kind eine gute Zeitplanung. Am besten ist dafür ein Kalender oder ein Poster geeignet, in den/in das das Kind seine Schul- und Freizeittermine über längere Zeiträume hinweg eintragen kann.

- **Lernbedingungen verbessern.** Lärm, ein überladener Schreibtisch, ein schlecht gelüftetes Zimmer, fehlende Lern- und Arbeitsmittel können den Lernprozess beträchtlich stören. Deshalb sollten Sie einmal genauer untersuchen, wie die Lernumwelt Ihres Kindes aussieht und wie sie sich auf sein Lernverhalten auswirkt. Vielleicht müssen Sie als Konsequenz daraus einiges lernfördernder gestalten und ändern.

- **Lernstoff abwechseln.** An Konzentrationsschwierigkeiten kann auch psychische Übersättigung beteiligt sein. Sie tritt vor allem dann ein, wenn Ihr Kind zu lange an demselben Lernstoff sitzt. Mit einem vernünftigen Lernstoffwechsel kann man dem entgegenwirken. Es soll z. B. bei den Hausaufgaben die Fächer so abarbeiten, dass keine zu ähnlichen Fächer aufeinander folgen.

- **Lernwege abwechseln.** Wenn man die Konzentrationsleistung erhalten möchte, sollte man die Lernwege immer mal wieder abwechseln. Neben dem Durchlesen von Texten gibt es z. B. eine Vielzahl von anderen Lernwegen: wichtige Textstellen unterstreichen, kurz zusammenfassen, laut lesen, skizzieren, Inhalte gliedern. Wenn Ihr Kind während seiner Lernphase einige davon anwendet, kommt es wohl kaum zu jener konzentrationsmindernden Monotonie.

- **Geeignete und angemessene Lernzeit bestimmen.** Schwierigkeiten gibt es nicht nur bei der Organisation der künftigen Lernzeit, sondern auch bei der Einteilung dessen, was heute und jetzt zu erledigen ist. Tagesplanung bedeutet nicht, pingelig jeden Lernschritt festzulegen und sich sklavisch daran zu halten. Falls bei Ihrem Kind das Chaos eher die Regel als die Ausnahme ist, helfen Sie ihm, vor Lernbeginn einen Plan anzufertigen, auf dem Ziele und Ablauf des Lernens grob skizziert sind. Ähnliches tut man als Erwachsener ja auch, wenn man vor dem Einkaufen einen Merkzettel schreibt.

- **Regelmäßig Pausen einlegen.** Volle geistige Konzentrationsleistung ist nur von begrenzter Dauer. Schon nach 20–30 Minuten können sich die ersten Aufmerksamkeitsverluste bemerkbar machen. Dem Konzentrationsabfall kann man am besten durch Lernpausen entgegenwirken. Achten Sie darauf, dass Ihr Kind sich in den Pausen wirklich entspannt, z. B. durch Bewegung.

Motivation ist sprachlich vom lateinischen Wort movere = bewegen abzuleiten. Sie beschreibt die innere Kraft, die die Richtung und Zielorientierung für unsere Handlung angibt. Sie hat eine starke gefühlsmäßige Komponente.

Mangelnde Motivation erfährt ein Kind mit Sicherheit auch in der Schule. In einem ungeliebten Fach fehlt der entscheidende innere Antrieb. Hierdurch bereitet das Lernen Schwierigkeiten und die Leistungen sind nicht wunschgemäß.

So können Sie die Motivation Ihres Kindes erhöhen:

- **Loben.** Loben Sie Ihr Kind, wenn es etwas gut hinbekommen hat. Lobende Worte gehören zu einer guten Erziehung. Sie spornen das Kind an, sich neuen Herausforderungen zu stellen, und machen es mächtig stolz. Loben Sie Leistungen, keine Eigenschaften, und versuchen Sie, Lob sparsam und gezielt einzusetzen.

- **Erfolge würdigen.** Kaum etwas erhöht die eigene Motivation mehr als Erfolg. Auch scheinbar kleine Erfolge, die für uns selbstverständlich sind, sollten daher gewürdigt werden. Gut gemeinte Sätze wie: „Wie schlau du bist", können ein Kind leicht demotivieren, weil es fürchtet, das positive Bild von sich in der Zukunft nicht oder nur schwer bestätigen zu können. Es ist besser, konkrete Taten und Leistungen zu würdigen.

- **Sachlich kritisieren.** Gibt es etwas zu kritisieren, bleiben Sie bei der Sache. Kritisieren Sie nicht das Kind als Person, sondern das Verhalten. Statt: „Du bist immer so unordentlich!", sollten Sie also besser sagen: „Halte deinen Schreibtisch ordentlich, dann findest du deine Sachen schneller."

- **Hilfe leisten.** Unterstützen Sie Ihr Kind darin, eigene Lösungen zu finden. Das macht es stolz und fördert die Motivation.

- **Belohnen.** Bei anstrengenden Aufgaben können kleine Belohnungen die Motivation erhöhen. Wer auf den gesundheitlichen Aspekt achten und Süßigkeiten zur Belohnung sparsam einsetzen möchte, kann aber auch selbst kreativ werden. Erlebnisgeschenke können für das Kind viel spannender sein und zudem den Familienzusammenhalt stärken. Ausflüge werden von Kindern als Belohnung meist gern angenommen. Es muss schließlich nicht immer eine materielle Belohnung sein. Ein Besuch im Schwimmbad, in einem Zoo oder in der Eisdiele sollte dabei trotzdem immer noch etwas Besonderes bleiben, damit er vom Kind stets als Belohnung und nicht als Gewohnheit angesehen wird.

Aufgaben aus diesem Buch im Überblick

In diesem Buch finden Sie Übungen zu verschiedenen Untertests, wie sie auch in klassischen Intelligenztests vorkommen. Damit Sie eine Vorstellung davon haben, welche Fertigkeiten mit den unterschiedlichen Arten von Aufgaben erfasst werden, sind sie nach folgenden Intelligenzbereichen gegliedert: Sprachverständnis, Verarbeitungskapazität, logisches Denken und Bearbeitungsgeschwindigkeit.

Sprachverständnis

Sprachverständnis ist die Fähigkeit, Bedeutung und Sinn aus schriftlichen und mündlichen Wörtern und Sätzen zu ziehen, nach brauchbaren Informationen zu filtern, Zusammenhänge zu erschließen und schließlich die Sprache im Kommunikationskontext sinnvoll anzuwenden. Zur Lösung der gestellten Aufgaben sind neben einem gewissen Sprachgefühl auch analytische Fähigkeiten erforderlich. Konzentrationsfähigkeit und ein gutes Gedächtnis sind hier auf jeden Fall hilfreich.

Dieser Bereich beinhaltet vier Untertests: Wortschatz, Allgemeines Verständnis, Wörter erkennen, Allgemeinwissen.

Untertest	Erklärung
Wortschatz (WS)	Bedeutungen verschiedener Wörter erkennen.
Allgemeines Verständnis (AV)	Fragen beantworten, die sich auf die Lösung alltäglicher Probleme oder auf das Verständnis sozialer Regeln beziehen.
Wörter erkennen (WE)	Es werden Hinweise vorgelesen, die sich auf einen bestimmten Begriff beziehen. Die Aufgabe ist, diesen Begriff herauszufinden.
Allgemeinwissen (AW)	Allgemeine Wissensfragen beantworten.

Fördermöglichkeiten

- Lesen von Büchern, Zeitschriften. Dadurch erweitert das Kind sein Umweltwissen.
- Das wiederholte Schreiben. Diese Methode hilft, das Einprägen der Wörter zu trainieren. Dadurch entwickelt sich die Fertigkeit, ohne über die Schreibweise nachdenken zu müssen, die Wörter lesen und schreiben zu können.
- Nach Möglichkeiten im Alltag suchen oder selbst Gelegenheiten schaffen, um das Allgemeinwissen aufzufrischen und zu erweitern. Beispiele: Kopfrechnen beim Einkauf, Themenabende und Wissensspiele können dabei helfen.
- Spiele wie Quartett oder Tabu, wo ein bestimmter Begriff nicht verwendet werden darf.
- Erstellen von Mind-Maps. Eine Mind-Map kann man zum Erschließen und visuellen Darstellen eines Themengebietes nutzen. Hierbei soll die Assoziation helfen, Gedanken frei zu entfalten und die Fähigkeiten des Gehirns zu nutzen.
- Übungen zur kategorialen Einordnung: Ober- und Unterbegriffe sammeln, Gemeinsamkeit und Unterschiede erarbeiten. Wörter als Bilder darstellen, Lernwörter nach Wortarten ordnen.

Verarbeitungskapazität

Die Verarbeitungskapazität beschreibt, wie gut jemand komplexe Informationen verarbeiten kann, um damit solche Aufgaben zu lösen, die nicht auf Anhieb zu lösen sind. Für das Finden der Lösung kann es nötig sein, viele verschiedene Informationen zu berücksichtigen, sie sachgerecht zu beurteilen und sie logisch richtig miteinander zu verknüpfen. Die Aufmerksamkeit steuert die verfügbare Verarbeitungskapazität im Arbeitsgedächtnis und im Kurzzeitspeicher. Hier ist zu betonen, dass kontrollierte Prozesse mehr Verarbeitungskapazität benötigen als automatisierte Prozesse, die wenig bis fast gar keine Kapazität benötigen.

In diesem Bereich sind folgende Untertests zusammengestellt: Eingekleidete Rechenaufgaben, Wortanalogien, Tatsache oder Meinung, Gemeinsamkeiten.

Untertest	Erklärung
Eingekleidete Rechenaufgaben (ER)	Vorgelesene Rechenaufgaben im Kopf lösen.
Wortanalogien (WA)	Es werden 2 Wörter in einem Wortpaar vorgegeben, zwischen denen eine gewisse Beziehung besteht. Aus den 5 vorgeschlagenen Wörtern ist dasjenige herauszufinden, das zum 3. Wort eine möglichst ähnliche Beziehung aufweist.
Tatsache oder Meinung (TM)	Bei vorgegebenen Behauptungen ist zu unterscheiden, ob es sich um die Feststellung einer Tatsache oder um die Wiedergabe einer Meinung handelt.
Gemeinsamkeiten (GM)	Es werden zwei Wörter vorgegeben, die Gegenstände oder Begriffe darstellen. Die Aufgabe ist, das Gemeinsame dieser Gegenstände oder Begriffe zu erkennen.

Fördermöglichkeiten

- Regelmäßig lesen. Dabei geht es nicht darum, sich möglichst alles zu merken, sondern aus dem Gelesenen zu lernen und dies zu verarbeiten.
- Begriffe für Farben und Formen richtig zuordnen. Man darf die Farben mit etwas ganz Konkretem verbinden. Z. B. etwas ist „blau wie der Himmel", „rot wie die Feuerwehr" oder „gelb wie die Sonne". Für die Formen können sich folgende Fragen ergeben: Was ist alles quadratisch oder viereckig bzw. rund oder dreieckig?
- Gegenstände einsortieren. Das Kind kann die zusammenpassenden Teile heraussuchen. Spannender wird das Spiel, wenn mehrere Kinder gegeneinander antreten oder Ihr Kind für seine Aufgabe nur eine bestimmte Zeit zur Verfügung hat.
- Mathematische Aufgaben aus verschiedenen Alltagssituationen entwickeln. Anfangen zu zählen: Dies kann ein Kind vielleicht beim Treppensteigen, wobei es bei jedem Schritt die Stufen zählt.
- Mathematische Aufgaben zeichnen. Ein Kind versteht besser, was „Plus-Rechnen" ist, wenn man eine Situation aus seinem Lebensalltag beschreibt, die es kennt. Diese Situation kann es aufmalen oder kurz skizzieren.

Logisches Denken

Die Fähigkeit zum logischen Denken gilt oft als die allen anderen übergeordnete Fähigkeit. Logische Fragen oder die Aufforderung, richtige Schlüsse zu ziehen, können in verbale, mathematische und räumlich orientierte Fragestellungen eingebettet werden. Die bildlich-räumliche Intelligenz wird durch Aufgaben gemessen, die zeigen, ob eine Person komplexe räumliche Aufgaben lösen kann.

In diesem Bereich werden folgende Untertests angeboten: Bildentwurf, Matrizen, logisches Ergänzen und Figurenreihen.

Untertest	Erklärung
Bildentwurf (BE)	Aus jeder Reihe ein Bild auswählen, das zu den Bildern aus anderen Reihen passt.
Matrizen (MZ)	Ein freies Kästchen mit der passenden Figur ausfüllen.
Logisches Ergänzen (LE)	In einer Bildvorlage fehlt ein bedeutsamer Teil. Dieser Teil soll erkannt werden.
Figurenreihen (FR)	Eine Figurenreihe logisch ergänzen.

Fördermöglichkeiten

- Komplexe Dinge zeichnen, z. B. Gesicht oder Auto. Den Zeitpunkt erkennen, wann die Zeichnung vollständig ist.
- Sortieren von Gegenständen nach Merkmalen. Das Kind ordnet z. B. Stifte nach unterschiedlichen Kriterien, vergleicht das Gewicht von verschiedenen Gegenständen.

- Bilder zerschneiden und zusammensetzen lassen.
- Arbeit mit Bildkarten. Die Methode: Zu einem Anlass, einer Situation oder einem Thema wählt das Kind eine passende Bildkarte aus und teilt mit, warum es gerade dieses Bild ausgesucht hat.
- Die vorgegebenen Muster symmetrisch ergänzen, zu den Bildern die Spiegelbilder zeichnen.

Bearbeitungsgeschwindigkeit

Die Bearbeitungsgeschwindigkeit ist die Fähigkeit, zügig zu arbeiten. Sie zeigt sich in der Fähigkeit, einfachere Aufgaben mit Routinecharakter oder vertraute Arbeitsaufgaben in einer bestimmten Zeitdauer zu erledigen. Man prüft diese Intelligenzfähigkeit meist über Aufgaben, die an sich sehr einfach sind (sogar so einfach, dass sie fast jeder lösen könnte, wenn er oder sie nur genügend Zeit dafür hätte) – aber es kommt dabei darauf an, in kurzer Zeit möglichst viele Informationen richtig zu verarbeiten.

In diesem Bereich sind die Untertests „Symbole finden, Bilder durchstreichen, Wörter gruppieren" und „Zahlen und Symbole" im Angebot.

Untertest	Erklärung
Symbole finden (SF)	In einer Gruppe von Symbolen nach Zielsymbolen suchen.
Bilder durchstreichen (BD)	Möglichst viele Zielbilder unter Zeitdruck finden.
Wörter gruppieren (WG)	In einer Gruppe von Wörtern nach Zielwörtern suchen.
Zahlen und Symbole (ZS)	Mit einem Schlüssel Symbole nachzeichnen, die mit Zahlen gepaart sind.

Fördermöglichkeiten

- Spiele wie „Schau genau", „Differix", „Memory".
- Das „Make and break" Spiel. Der Spieler soll in einer vorgegebenen Zeit möglichst viele vorgegebene Türme mit bunten Holzbausteinen bauen. Es geht um die richtigen Farben der Steine und deren Anordnung sowie um die Genauigkeit.
- Wahrnehmungsspiele, z. B. „Ich sehe was, was du nicht siehst".
- Blitzlesen. Indem jedes Wort nur für kurze Zeit angezeigt wird, wird das Kind praktisch gezwungen, es ganzheitlich „auf einen Blick" zu erfassen.
- Begriffe einprägen. In vorgegebener Zeit sind bestimmte Begriffe einzuprägen und wiederzugeben.

Nachfolgend finden Sie eine detaillierte Beschreibung zu den Untertests mit Probeaufgaben für Erwachsene.

Sprachverständnis

Wortschatz (WS)

» Jeder Mensch erwirbt im Laufe seines Lebens einen großen Sprachschatz. Er umfasst die Alltagssprache sowie die Fachsprachen von Beruf und Hobby. Wird dieser Spachschatz nur einseitig angewendet, liegt ein großer Teil der Gedächtniskapazität brach. Dann kann es vorkommen, dass einem im Gespräch ein Wort nicht einfällt, und dass die Formulierung nicht mehr so flüssig ist wie früher. Es ist daher empfehlenswert, dass man seinen Wortschatz täglich aktiv anwendet.

Aufgabenstellung:	Wörter erklären
Was wird geprüft:	Wortwissen und Begriffsbildung, Lernfähigkeit, Langzeitgedächtnis, Sprachentwicklung
Zeitvorgabe:	Keine
Bewertung:	Jede richtig gelöste Aufgabe = 2 Punkte, wesentliches Merkmal = 1 Punkt, Fehler = 0 Punkte

Bewertungskriterien bei der Bewertung nach dem 2 Punkte-System

2 Punkte	Treffendes Synonym; Nennung einer allgemeinen Klassifikation (Oberbegriff); Nennung eines oder mehrerer wesentlicher oder primärer Merkmale; Nennung einiger weniger wesentlicher, aber richtiger Beobachtungsmerkmale, die insgesamt erkennen lassen, dass das Kind das Wort verstanden hat
1 Punkt	Eine Antwort, die zwar richtig, aber inhaltlich nicht ausreichend ist; ein ungenaues oder weniger zutreffendes Synonym (Oberbegriff); Nennung eines oder mehrerer wesentlicher oder primärer Merkmale; ein Beispiel, in dem der Begriff selbst ohne höhere Erklärung verwendet wird
0 Punkte	Eine offensichtlich falsche Antwort; eine verbale Antwort, die auf Nachfrage nicht auf ein wirkliches Verständnis schließen lässt; wichtiges Klassifikationsmerkmal, das für beide Dinge wesentlich ist; eine Demonstration ohne verbale Erklärung

Beispiel 1: Was ist eine Eule?

Allgemeines Konzept: In Wäldern lebender nachtaktiver Vogel mit großen runden Augen und kurzem krummen Schnabel.

Lösungsmöglichkeiten mit Punktbewertung. Nur eine richtige Antwort:

2 Punkte	„Uhu"; Vogel; Vogel, der nachts nicht schläft
1 Punkt	Lebewesen; ein Tier; ein Tier und kann fliegen; lebt im Wald; nachts aktiv; fängt Mäuse und Kleintiere; hat große runde Augen; hat kurzen Schnabel
0 Punkte	unattraktive weibliche Person; Staubwedel; Automarke; frisst; fliegt; macht Geräusche

Beispiel 2: Was ist eine Birne?

Allgemeines Konzept: Eine der bekanntesten Früchte weltweit; sie hat eine gute Verträglichkeit. Sie hilft über Heißhungerattacken hinweg und versorgt den Körper zusätzlich mit Ballaststoffen und Vitaminen.

Lösungsmöglichkeiten mit Punktbewertung. Nur eine richtige Antwort:

2 Punkte	Frucht; Obst; wächst auf Bäumen
1 Punkt	schmeckt gut; sättigend, enthält Vitamine, enthält Ballaststoffe, wird vom Körper gut vertragen
0 Punkte	weit verbreitet; gut für Menschen; wächst im Garten; gelb; saftig, rundlich, riecht gut

Probeaufgaben für Erwachsene: Allgemeines Verständnis (Lösungen S. 225)

Hinweise	Bei diesem Untertest werden Ihnen mehrere Antwortmöglichkeiten angeboten. Wählen Sie **eine** Antwort aus, die für Sie am zutreffendsten ist. Vorsicht: Es können auch mehrere Antworten richtig sein! Versuchen Sie, möglichst alle Fragen zu beantworten. Wenn Sie eine bestimmte Frage nicht beantworten können, gehen Sie zur nächsten Frage weiter.

1. Manuskript
a) ein Buch für Kinder
b) man kann es lesen
c) kreatives Werk
d) besteht aus einzelnen Seiten
e) hat Texte und Bilder
f) man kann es aufschlagen
g) Ausdruck
h) von Menschen geschaffen
i) veröffentlichte Texte
j) hat eine rechteckige Form

2. makellos
a) optimal
b) perfekt
c) schlau und schön
d) einwandfrei
e) eine makellose Figur
f) besser als die anderen sein
g) ohne Vorbehalte
h) fehlerlos
i) in bester Ordnung
j) sich etwas zutrauen

3. anfällig
a) empfindlich
b) es geht auf die Nerven
c) neigt zu Krankheiten
d) Reizstoff
e) verletzlich
f) krankheitsanfällig
g) Ärgernis
h) entkräftet
i) nicht widerstandsfähig
j) Körper leistet keinen Widerstand

4. Rangordnung
a) Hausordnung
b) alle Themen in ihrer Rangordnung bestimmen
c) hierarchische Struktur
d) es werden Dinge verglichen
e) Regeln, Normen
f) der Erste und der Letzte
g) nach Bewertung sortierte Liste
h) Wichtiges wird vom Unwichtigen getrennt
i) Kontrollstrukturen
j) Dienstgrad beim Militär

5. Inserat
a) Aufsatz
b) Zettel
c) Anzeige
d) Vorrat
e) es wird was verkauft
f) Annonce
g) man will etwas berichten
h) veröffentlichte Texte
i) Notiz
j) Fahrkarte

6. unstreitig
a) unbezweifelbar
b) unstreitige Tatsachen
c) knapp
d) kein Streit wird ausgelöst
e) unsicher
f) genau richtig
g) auf den Punkt gebracht
h) ohne Diskussion
i) zweifellos
j) friedlich

7. Ouvertüre
a) Operette
b) Aufklang
c) Musikstück
d) Konzertwerk für Orchester
e) kurzes Telefonat
f) erster Schritt
g) musikalische Einleitung zur Oper/Operette
h) Präsentation
i) Nachspeise
j) musikalisches Instrument

8. Wende
a) Herausforderung
b) etwas verändert sich
c) Übergang zu nächstem Zeitabschnitt
d) wenn man sich trennt
e) ein bestimmter Vorgang
f) Zeitabschnitt
g) Schleife
h) zurückkehren
i) einschneidende Veränderung
j) Wandel in der Richtung eines Geschehens

9. Zusage
a) Auktion
b) jemandem etwas sagen
c) Bestätigung
d) sich so verhalten, wie es jemand will
e) findet man in einer Steuererklärung
f) Zusicherung
g) Zustimmung zu einer Einladung
h) ein Treffen zusagen
i) ein Versprechen halten
j) Zuschrift auf eine Anzeige

10. expandieren
a) genau auf den Punkt bringen
b) positive Änderung eines Zustandes
c) sich vergrößern
d) Macht- und Einflussbereich erweitern
e) Macht ausüben
f) bei etwas sicher sein
g) etwas wird ausgebessert
h) ein Vorgang
i) wachsen
j) tut gut

Allgemeines Verständnis (AV)

» Augen, Ohren, Nase, Haut: Vor allem über diese Organe nehmen wir unsere Umwelt wahr. Doch Hand auf's Herz: Wer geht schon immer mit hellwachen Sinnen durch das Leben? Dabei ist es so einfach, die eigene Aufmerksamkeit zu trainieren. Ob im Kino, im Café, in der Natur oder auf Reisen – überall warten Eindrücke auf uns. Wer sie geschickt verarbeitet, entdeckt Zusammenhänge, die ihm lange verborgen geblieben waren. Und mit diesen Erkenntnissen macht er das Beste aus jeder Situation. So fällt es leicht, soziale Konzepte und Regeln zu verstehen und zu beurteilen.

Aufgabenstellung:	Fragen beantworten
Was wird geprüft:	Verbales Schlussfolgern und verbale Konzeptualisierung, sprachliches Verständnis und sprachlicher Ausdruck, soziale Kompetenz
Zeitvorgabe:	keine
Bewertung:	Jede richtig gelöste Aufgabe = 2 Punkte, wesentliches Merkmal =1 Punkt, Fehler = 0 Punkte

Bewertungskriterien bei der Bewertung nach dem 2 Punkte-System:

2 Punkte	Eine Aussage, die dem allgemeinen Konzept entspricht.
1 Punkt	Eine Antwort, die zwar richtig, aber inhaltlich nicht ausreichend ist.
0 Punkte	Eine offensichtlich falsche Antwort; eine verbale Antwort, die auf Nachfrage nicht auf ein wirkliches Verständnis schließen lässt; eine Demonstration ohne verbale Erklärung

Beispiel: Warum sollte ein Mensch viel Wasser trinken?

Lösungsmöglichkeiten mit Punktbewertung. Nur eine richtige Antwort:

2 Punkte	Der Körper benötigt eine Mindestmenge an Wasser, um seine Körperfunktionen zu erhalten; Wasser ist als Transportmittel im Körper zuständig.
1 Punkt	Wenn man zu wenig Wasser trinkt, kann es zu Problemen kommen; der Körper kann schneller Schadstoffe ableiten; um gesund zu sein; die Haut wird straffer; hilft beim Abnehmen; hemmt das Hungergefühl; weil der Körper viel Wasser verliert; weil 3/4 des Körpers aus Wasser bestehen.
0 Punkte	Hat keine Kalorien; man tut sich damit was Gutes; um fit zu sein.

Allgemeines Konzept: Ein Mensch besteht zu ca. 70% aus Wasser. Alle Abläufe im Körper werden vom Wasser beeinflusst oder überhaupt erst möglich gemacht.

Probeaufgaben für Erwachsene: Allgemeines Verständnis (Lösungen S. 225–227)

> **Hinweise** Bei diesem Untertest werden Ihnen mehrere Antwortmöglichkeiten angeboten. Wählen Sie **eine** Antwort aus, die für Sie **am zutreffendsten** ist. Vorsicht: Es können auch mehrere Antworten richtig sein! Versuchen Sie, möglichst alle Fragen zu beantworten. Wenn Sie eine bestimmte Frage nicht beantworten können, gehen Sie zur nächsten Frage weiter. Direktes Beantworten von Fragen (ohne Auswahl aus mehreren Antwortmöglichkeiten) wird bevorzugt. Für die Bewertung betrachten Sie in diesem Fall die Lösungshinweise zu diesem Untertest.

1. Wofür braucht man ein Abitur?

   a) Man hat dadurch bessere Chancen auf dem Arbeitsmarkt.
   b) Ein Abiturient ist schlau.
   c) Damit man einen Nachweis für seine Qualifizierung hat.
   d) Für alles.
   e) Das Abi ist eine Hochschulberechtigung. Als Akademiker hat man größere Möglichkeiten auf dem Arbeitsmarkt.
   f) Bei einem Gewinnspiel braucht man nicht so viele Joker, weil man schlau ist.
   g) Ein Abitur hilft, Geld zu verdienen.
   h) Ohne Abitur kein Studium, ohne Studium schlechtere Chancen auf gut bezahlte Jobs.
   i) Mit Abi hat man international ganz andere Chancen, als wenn man nur ein gelernter Facharbeiter ist.
   j) Viele Berufe kann man nur ausüben, wenn man vorher studiert hat.

2. Ist es gut, arbeitslos zu sein?

   a) Am Anfang ist's wie Urlaub. Aber wenn man versucht, wieder einen Job zu bekommen und das nicht klappt, wird man immer unzufriedener.

b) Arbeitslosigkeit entspricht nicht meiner Lebensphilosophie.
c) Man darf nicht aufgeben und den Kopf in den Sand stecken. Irgendwann kommt man aus der Situation heraus, wenn man den Willen und die Geduld hat, den Kampf zu führen.
d) Nein, weil man auf Kosten anderer lebt.
e) Schlimm in dem Sinn ist es nicht, kann jedem passieren. Aber ist man zufrieden, wenn man sich fragt: Was habe ich heute getan?
f) Man kann damit leben.
g) Die meisten gesunden Menschen möchten sicher etwas für ihren Lebensunterhalt tun. Was kann gut daran sein, sich auf Kosten der Gesellschaft durch das Leben zu schummeln?
h) Durch Arbeitslosigkeit bekommt man wenig Rente.
i) Alles hat seine Vorteile.
j) Man kann in der Arbeitslosigkeit glücklich leben.
k) Je länger man arbeitslos ist, umso schwerer ist es, sich zu motivieren.

3. Warum muss man Steuern für Hunde zahlen?

a) Wenn man einen Hund aus dem Tierheim holt wird man von der Hundesteuer befreit.
b) Ein Hund ist recht teuer und sein Besitzer lebt nicht von der Hand in den Mund. Es ist ein Versuch der Städte und Gemeinden, finanzielle Löcher zu stopfen.
c) Damit nicht zu viele Hunde in privaten Haushalten leben.
d) Hunde gelten als Waffen und deshalb werden sie besteuert.
e) Weil man mit seinem Hund Gassi gehen darf.
f) Die Einnahmen werden für die Straßenreinigung eingesetzt.
g) Das ist eine Ordnungssteuer, die die Anzahl der Hunde in einer Stadt begrenzen soll.
h) Wenn der Besitzer des Hundes die Hundesteuer zahlt, darf sein Hund irgendwo einen Haufen setzen.

4. Warum zahlen wir Rundfunkgebühren (GEZ)?

a) Das frage ich mich auch, wir zahlen ja auch schon genug Steuern.
b) Damit das Bild oder der Ton ins Wohnzimmer kommt.
c) Wenn man ein Fernsehgerät hat, muss man sie bezahlen, egal ob man die die öffentlich-rechtlichen Sender schaut oder nicht.
d) Mit dem Geld können gute Fernsehprogramme ohne Werbung produziert werden.
e) Mit den Rundfunkgebühren wird eine Unabhängigkeit der öffentlich-rechtlichen Rundfunkanstalten erhalten.
f) Es werden Informationen geboten, an die man sonst nicht rankommt.
g) Im Prinzip ist das Abzocke. Wir bezahlen für ein Programm, das nur 2% der Bevölkerung sehen wollen.
h) Wenn man ein Radio- oder Fernsehgerät hat, muss man zahlen.
i) Als Gegenleistung bekommt man eine ausgewogene Unterhaltung, die frei von Einflüssen des Staates oder von Werbekunden ist.
j) Es ist besser, Nachrichten in der Zeitung zu lesen, als sie im Fernsehen zu sehen.

k) Wenn ich die Rundfunkgebühren zahle, kann ich mir einen Fernseher kaufen.

5. Worin erkennt man die Vorzüge einer Demokratie?

   a) Demokratie an sich heißt eigentlich nicht mehr, als dass Bürgerrechte, freie Presse, freie Lebensgestaltung gewährleistet sind.
   b) Man kann sein Leben nach seinem Willen gestalten.
   c) Die Mehrheit der Bürger entscheidet, nicht einige wenige.
   d) Unsere aktuelle Demokratie soll den Menschen das Gefühl von Sicherheit bieten.
   e) Alle sind gegenüber dem Gesetz gleich.
   f) Es besteht Schulpflicht.
   g) Man hat Respekt vor Erwachsenen bzw. Eltern.
   h) Man darf seine Meinung äußern und wird dafür nicht bestraft.
   i) Man darf ein Bankkonto eröffnen.
   j) Menschen respektieren die geschriebenen Gesetze und halten sich daran.
   k) Man kann wählen, in eine Partei eintreten, sich in Bürgerbewegungen organisieren oder sich sonst irgendwie beteiligen.

6. Wie wichtig ist die Weiterbildung für Berufstätige?

   a) Weiterbildung ist wichtig für die berufliche und private Sicherheit.
   b) Weil das berufliche Wissen sich ständig erweitert.
   c) Bildung ist insgesamt sehr nützlich.
   d) Lernen kann viel Spaß machen.
   e) Man sollte etwas haben, das man den anderen voraus hat.
   f) Durch eine Weiterbildung aktualisiert und erweitert man sein Wissen.
   g) Lernen kann ein Hobby sein.
   h) Man sichert seine Arbeitsstelle.
   i) Um anderen einen Schritt voraus zu sein.
   j) Man hat durch Weiterbildung mehr Verantwortung.
   k) Um mehr Geld zu verdienen.

7. Welche Auswirkungen hat das Rauchen auf das Gesundheitssystem?

   a) Raucher werden in der Gesellschaft nicht immer akzeptiert.
   b) Rauchen verursacht Langzeitschäden, es schädigt den Raucher selbst und seine Mitmenschen.
   c) Erwartungsgemäß leben Nichtraucher etwas länger als Raucher.
   d) Es rauchen so viele Menschen auf der Welt und alle versuchen es sich abzugewöhnen, trotzdem schaffen sie es zum Großteil nicht.
   e) Raucher sind wesentlich öfter krank und besonders im Alter ist bei ihnen mit erhöhten Gesundheitskosten zu rechnen.
   f) Die Mitmenschen müssen den Gestank eine Zigarette einatmen.
   g) Wer nicht raucht, fällt den Krankenkassen und den Rentenkassen unnötig länger zur Last und zahlt weniger Steuern.
   h) Bringt dem Gesundheitssystem erhöhte Kosten.

i) Zigaretten werden besteuert.
j) Das Rauchen ist „cool" und „erwachsen".

8. Warum macht man einen Gesundheitscheck?

a) Alle 2 Jahre kann man das ab dem 35. Geburtstag machen.
b) Man hat etwas zu tun.
c) Um Krankheiten vorzubeugen.
d) Hilft, Krankheiten und körperliche Probleme zu vermeiden, indem frühzeitig erkannt wird, welche Probleme auftreten können.
e) Es muss sein.
f) Man kann manchmal seine Krankheiten nicht selber erkennen.
g) Gesundheitsvorsorge bedeutet, die Gesundheit voll im Griff zu haben und kein Krankheitsrisiko im Dunkeln zu lassen.
h) Gesundheitschecks tun dem Körper gut.
i) Ein Gesundheitscheck macht glücklicher.
j) Weil das von der Krankenversicherung übernommen wird.

9. Warum gibt es politische Parteien in Deutschland?

a) Um wirtschaftlich oder soziologisch gleichdenkende Menschen zu verbinden.
b) Parteien werden teilweise vom Staat finanziert.
c) Parteien haben die Funktion, Bürgern die Möglichkeit zu geben, aktiv in die Politik einzusteigen und politische Programme zu erarbeiten und zu vertreten.
d) Wegen der Privilegien.
e) Sie sorgen für die Verbindung zwischen Staat und der Gesellschaft, indem sie die Interessen der Bürger vermitteln.
f) Um die Interessen der Ausländer zu verteidigen.
g) In einer Demokratie sind Meinung und verschiedene Parteien erwünscht!

10. Wie können Jugendliche am besten vor Mobbing und Beleidigungen in sozialen Netzwerken geschützt werden?

a) Eltern sollten ihre Kinder schon auf die Gefahren hinweisen, wenn diese beginnen im Internet tätig zu werden.
b) Der beste Schutz ist, nicht bei Facebook und anderen Netzwerken dabei zu sein.
c) Indem Jugendliche die gleichen Kontakte im Internet wie in der Schule oder im privaten Freundeskreis haben.
d) Richtige Freunde melden sich auch bei einem, auch wenn man nicht in sozialen Netzwerken angemeldet ist.
e) Der beste Schutz ist, soziale Netzwerke zu meiden. Aber ich halte das für unrealistisch. Schließlich verzichtet man ja auch nicht aufs Auto-, Motorrad- oder Fahrradfahren, um Unfälle zu vermeiden.
f) Mobbing sollte man auch anzeigen, zumindest den Eltern und der Schule mitteilen, die dann weitere Schritte einleiten können.

g) Auf keinen Fall fremden Personen persönliche Informationen herausgeben. Keine Gefühle im öffentlichen Rahmen posten. Nicht auf öffentliche Chats gehen, bei denen jeder jede Konversation sieht.
h) Alle Leute, die nerven, einfach blockieren.

Wörter erkennen (WE)

» Um etwas wiedererkennen zu können, müssen wir es in einer Art geistigen Schublade ablegen. Das reicht allerdings nicht, wenn wir darüber reden wollen. Dann braucht „das Ding" eine Bezeichnung. Schon in der Schule haben wir uns gewundert, warum Wale keine Fische sind, obwohl sie im Wasser schwimmen. Merkwürdig kamen uns vielleicht auch viele andere Tiere vor, die der Lehrer in Gruppen einordnete, zu denen sie nicht zu gehören schienen, wie z. B. Delphine. Erst wenn man gemeinsame Eigenschaften betrachtete, bekam diese Zuordnung Sinn. Wir ordnen Menschen, Ereignissen und Gegenständen bestimmte Merkmale zu, die wiederum Untermerkmale besitzen. Die Fähigkeit, individuelle Erfahrungen einzuordnen, gilt als eine der grundlegenden Fähigkeiten des Menschen.

Aufgabenstellung:	Begriffe herausfinden
Was wird geprüft:	Verbales Schlussfolgern, sprachliches Verständnis, verbale Abstraktion, Wissen auf unterschiedlichen Gebieten, Generierung alternativer Konzepte
Zeitvorgabe:	Keine
Bewertung:	Jede richtig gelöste Aufgabe = 1 Punkt, Fehler = 0 Punkte

Beispiel: Was ist das?

Es ist ein Tier, das auf Kontinenten, wie z.B. Afrika oder Südamerika, lebt und ein großes Maul sowie einen langen Schwanz hat.

Lösung: Krokodil.

Probeaufgaben für Erwachsene: Wörter erkennen (Lösungen S. 227)

Hinweis	Dieser Untertest erinnert an ein einfaches Ratespiel ‚Ich sehe was, was du nicht siehst'. Es wird ein Begriff beschrieben, und man darf raten, was gemeint ist. Versuchen Sie, möglichst alle Fragen zu beantworten. Wenn Sie eine bestimmte Frage nicht beantworten können, gehen Sie zur nächsten Frage weiter.

1. Es ist etwas, das jeder Mensch hat und es wird von einer Behörde ausgestellt. Damit wird jeder Mensch identifiziert.

2. Es entsteht, wenn man besser sein will als der andere, und es ist ein Kampf um Ansehen, Macht oder Zuneigung im privaten Bereich, in einer sportlichen Disziplin oder in der Politik.

3. Es ist ein natürlicher Farbstoff, der von Organismen gebildet wird, die die Photosynthese betreiben und er macht Blätter grün.

4. Es ist etwas, das von Menschen in der Natur gebaut wird, und man kann da durchfahren oder -laufen. Es wird gemacht, damit man besser ans Ziel kommt.

5. Es ist etwas, das von einer Autoritätsperson erteilt wird, es ist gemacht, um sich praktisches Wissen anzueignen oder eine Vorgehensweise zu erlernen, und Menschen müssen die gewünschte Handlung vollziehen.

6. Es ist eine Staatsform, bei der die Regierenden für eine bestimmte Zeit vom Volk oder von Repräsentanten des Volkes gewählt werden, und es ist das Gegenmodell zur Monarchie.

7. Es ist eine Aktivität, die man ergreift, um in Form zu bleiben und die Gesundheit zu erhalten, und es werden auch Wettbewerbe veranstaltet.

8. Es ist eine öffentliche Einrichtung, in der publizierte Informationen zu finden sind, und man kann sich aus dem Bestand was ausleihen.

9. Es ist eine Versammlung von mehreren Personen in der Öffentlichkeit, die der freien Meinungsäußerung dient, und die Anlässe können Regierungspolitik, Frieden, Umweltschutz etc. sein.

10. Es ist ein Teil einer umfangreichen Schriftform, die um 3000 v. Chr. entwickelt wurde. Es ist ein Zeichen einer Bilderschrift, und die war für die Ägypter dasselbe, wie für uns die Buchstaben.

Allgemeinwissen (AW)

» Allgemeinwissen hilft dabei, sich in der Welt und in der stetig wachsenden Informationsflut zurechtzufinden, Zusammenhänge zu erkennen und eine gedankliche Ordnung herstellen zu können. Auf die Frage, was zur Allgemeinbildung gehört, gibt es viele verschiedene Antworten. Abhängig von Kultur, Alter und Gesellschaft kann eher praktisch anwendbares Wissen oder theoretische Kenntnis im Vordergrund stehen. Unabhängig davon ist es jedoch wichtig, Allgemeinwissen in der Familie an Kinder weiterzugeben. Allgemeinwissen wird in verschiedene Bereiche unterteilt. Meistens sind das Geschichte, Geografie, Sprache, Literatur, Politik, Kunst und Musik sowie Mathematik und Naturwissenschaften.

Aufgabenstellung:	Wissensfragen beantworten
Was wird geprüft:	Allgemeinwissen
Zeitvorgabe:	Keine
Bewertung:	Jede richtig gelöste Aufgabe = 1 Punkt, Fehler = 0 Punkte

Beispiel 1: Was soll man machen, wenn man etwas inhalieren soll?

Lösungsmöglichkeiten:

a) Ein Bad nehmen   b) Dämpfe einatmen   c) Thermometer im Mund halten   d) Durch einen Strohhalm trinken

Lösung: b) Inhalieren bedeutet „in die Lunge ziehen". Zum Beispiel heißen Wasserdampf mit Kräutern, wenn man eine Erkältung hat: Den Kopf über ein Gefäß beugen (mit heißem Wasser mit Kräutern), dann den Dampf durch die Nase einatmen.

Beispiel 2: Was ist keine Staatsform?

Lösungsmöglichkeiten:

a) Republik   b) Diktatur   c) Anarchie   d) Monarchie

Lösung: c) Die heutige, zweigeteilte Auffassung von Staatsformen ist die Republik und die Monarchie. Da einige Politikwissenschaftler und Staatsrechtler aber teilweise diese beiden Staatsformen von diktatorischen Systemen abgrenzen, wird die Diktatur miterwähnt. Anarchie ist keine Staatsform. (Quelle: www.linkfang.de/wiki/liste_der_staatsformen)

Probeaufgaben für Erwachsene: Allgemeinwissen (Lösungen S. 227)

Hinweise	Bei diesem Untertest werden Ihnen mehrere Antwortmöglichkeiten angeboten. Wählen Sie **eine** Antwort aus, die für Sie am zutreffendsten ist. Es kann nur eine Antwort richtig sein. Versuchen Sie, möglichst alle Fragen zu beantworten. Wenn Sie eine bestimmte Frage nicht beantworten können, gehen Sie zur nächsten Frage weiter. Direktes Beantworten von Fragen (ohne Auswahl aus mehreren Antwortmöglichkeiten) wird bevorzugt.

1. Wie viele Chromosomen hat der Mensch?

a) 24   b) 32   c) 46   d) 26

2. Was sind Zyklopen?

a) moderne Staubsauger
b) Riesen mit einem Auge auf der Stirn
c) Götter aus der griechischen Mythologie
d) bissige Käfer, die in Afrika leben

3. Was erfanden die Brüder Lumière im Jahr 1895?

a) Telefon
b) Glühbirne
c) Flugzeug
d) Kinemathograph

4. Welche sind die zwei wichtigsten Bestandteile der Luft?

a) Stickstoff und Sauerstoff
b) Schwefel und Wasserstoff
c) Sauerstoff und Kohlenstoff
d) Kohlenstoff und Stickstoff

5. Was ist der wesentliche Unterschied zwischen Rauch und Nebel?

a) Rauch: kleine Partikel, Nebel: kleine Wassertropfen
b) Rauch hat einen Geruch, Nebel ist geruchsneutral
c) Nebel ist immer weiß, Rauch hat auch andere Farben
d) Nebel: ein Naturereignis, Rauch: von Menschen produziert

6. Wer war Sigmund Freud?

a) Psychoanalytiker
b) Geologe
c) Anthropologe
d) Missionar

7. Wie bezeichnet man die Basiseinheit der Lichtstärke?

a) Impuls
b) Candela
c) Kelvin
d) Mol

8. Was ist eine Courtage?

a) ein Kredit
b) ein Tanz
c) eine Provision
d) eine Blume

9. Welche Tiere sind Zwitter?

a) Kakerlaken
b) Bienen
c) Mäuse
d) Regenwürmer

10. Welche ist die meistgesprochene Muttersprache der Welt?

a) Russisch
b) Englisch
c) Chinesisch
d) Spanisch

Verarbeitungskapazität

Eingekleidete Rechenaufgaben (ER)

» Mathematik ist viel mehr als Rechnen. Mathematik ist genauso Entdecken, Begründen und Beschreiben. Heutzutage soll ein Kind Aufgaben nicht nur auswendig lernen, sondern auch verstehen und begründen können, warum es so rechnet. Versuchen Sie selbst, die Aufgabe 7 + 8 im Kopf zu rechnen. Das geht sicher sehr schnell, da Sie schon viele Erfahrungen sammeln konnten und bereits seit Jahren rechnen können. Versuchen Sie sich aber einmal genau vorzustellen, wie sie im Kopf gerechnet haben. Einige von Ihnen sagen vielleicht: „Das war eine leichte Aufgabe, da ist das Ergebnis vor meinen Augen direkt aufgeblitzt." Andere würden vielleicht beschreiben, dass sie einen Zahlenstrahl sehen, an dem sich das Ergebnis abbildet oder sie machen zunächst die „10 voll", rechnen also 7+3+5. Vielleicht haben Sie aber auch etwas ganz anderes vor Ihrem „inneren Auge" gesehen. So wie Sie viele unterschiedliche Wege finden, so tun das auch Ihre Kinder.

Aufgabenstellung:	Rechenaufgabe lösen
Was wird geprüft:	Mentale Rotation, Konzentration, Aufmerksamkeit, Kurz- und Langzeitgedächtnis, Rechenfähigkeit
Zeitvorgabe:	Max. 30 Sekunden pro Aufgabe
Bewertung:	Jede richtig gelöste Aufgabe = 1 Punkt, Fehler = 0 Punkte

Um die komplizierten Rechenaufgaben erfolgreich zu lösen, sollte man in dieser Reihenfolge vorgehen:
▶ Die Aufgabe aufmerksam lesen.
▶ Sachverhalt mündlich wiedergeben, damit Sie die Aufgabe besser verstehen. Bei Problemen noch einmal lesen.
▶ Strukturieren: Es ist immer hilfreich, wenn man sich eine Skizze in Bildern oder auch in Wörtern anlegt, um einen Überblick über die Aufgabe zu erhalten.
▶ Lösungsstrategie entwickeln, indem man zum Beispiel einen mathematischen Ausdruck als Baum darstellt.
▶ Rechenoperation auswählen und durchführen.
▶ Zum Schluss: Lösung überprüfen.

Beispiel 1: Als Klaus 8 Jahre alt ist, ist er 1,46 m groß. In den 4 Jahren danach wächst er 0,04 m pro Jahr. Wie groß ist Klaus 4 Jahre später?

Lösung: 1,62 m. $1,46 + 4 \times 0,04 = 1,62$ m.

Beispiel 2: Frau Albrecht möchte einen gebrauchten PKW für 4.000 € erwerben. Sie bekommt einen Rabatt von 6 Prozent. Wie viel Euro spart sie durch den Rabatt?

Lösung: 240 Euro. $4000 \times 0,06 = 240$ Euro.

Probeaufgaben für Erwachsene: Eingekleidete Rechenaufgaben (Lösungen S. 227)

> **Hinweise** Bei diesem Untertest sollen Sie einfache numerische Operationen unter Verwendung der Grundrechenarten im Kopf durchführen und logische Beziehungen zwischen Zahlen erkennen. Notfalls dürfen Sie Stift und Papier zu Hilfe nehmen. Versuchen Sie, möglichst alle Aufgaben zu lösen. Wenn Sie eine bestimmte Aufgabe nicht lösen können, gehen Sie zur nächsten Aufgabe weiter. Pro Aufgabe haben Sie maximal 30 Sekunden Zeit.

1. 14 kg Marmelade sind in 2 Gefäßen verteilt. In einem sind 2 kg mehr Marmelade, als in dem anderen. Wie viele kg Marmelade sind im größeren Gefäß?

2. Der Weinvorrat einer Weinhandlung reicht bei einem täglichen Verkauf von 12 Litern für einen Monat. Für wie viele Tage reicht der Vorrat, wenn der Tagesverkauf sich auf 8 Liter verringert?

3. Ein Auto verbraucht 5 Liter Benzin in einer Stunde. Wie hoch ist der Verbrauch nach 3,5 Stunden?

4. In ein Glas, das maximal 300 ml Flüssigkeit enthalten kann, werden 250 ml Wasser eingeschenkt. Nachdem Thomas 30 ml davon getrunken hat, wird das Glas bis zum Rand mit Wasser aufgefüllt. Wie viel ml Wasser musste man nachgießen?

5. Zwei Sachbearbeiter verdienen an einem Tag 176 Euro. Einer, der mehr Berufserfahrung hat, verdient 20% mehr als der andere. Wie viel verdient der Sachbearbeiter mit mehr Erfahrung?

6. Miriam fährt mit dem Zug um 12 Uhr nach München. Die Fahrt dauert 2 Stunden. Ihr Freund Kim möchte sie am Bahnhof treffen. Er wohnt 100 km vom Bahnhof entfernt und fährt mit dem Motorrad 40 km/h. Um wie viel Uhr muss Kim losfahren, um 30 min vor der Ankunft von Miriam am Bahnhof zu sein?

7. Nach einer Party am Brandenburger Tor werden 12 Müllwagen benötigt, um den Pariser Platz in 4 Stunden zu säubern. Wie viele Müllwagen hätte man gebraucht, um mit dem Müllwegräumen eine Stunde früher fertig zu sein?

8. Welche Zahl muss man durch 2 teilen um 1/3 von 45 zu erhalten?

9. Eine Hose kostet 90 Euro. Im Schlussverkauf wird der Preis um 20% gesenkt. Was kostet die Hose im Schlussverkauf?

10. 60 Kilo Tomaten sind in drei Kisten verpackt. In einer Kiste sind 4 Kilo weniger, als in jeder der beiden anderen. Wie viele Kilo Tomaten gibt es in dieser Kiste?

Wortanalogien (WA)

» Bei Wortanalogien müssen logisches Denken, die Fähigkeit zur Schlussfolgerung und das räumliche Vorstellungsvermögen kombiniert werden, um die Aufgaben lösen zu können. Eine Analogie bedeutet soviel wie Verwandtschaftsverhältnis, Zusammenhänge, Gleichartigkeit. In der Praxis spricht man von A verhält sich zu B wie C zu D. In der Aufgabenstellung werden die Aufgaben als Gleichung dargestellt. A zu B wie C zu D. Dabei muss herausgefunden werden, welche Analogien, also welches Verhältnis, zwischen A und B besteht, um herauszufinden, welche Gesetzmäßigkeiten für C und D gelten müssen, damit die Gleichung stimmt.

Aufgabenstellung:	Welche Beziehung besteht zwischen diesen zwei Wörtern?
Was wird geprüft:	Formallogisch exaktes Denken und sachgerechtes Beurteilen.
Zeitvorgabe:	Max. 20 Sekunden pro Aufgabe
Bewertung:	Jede richtig gelöste Aufgabe = 1 Punkt, Fehler = 0 Punkte

Beispiel 1: Gemüse zu Möhre wie Getreide zu ?

Lösungsmöglichkeiten:

a) Wurzel   b) Obst   c) Stroh   d) Weizen   e) Brot

Lösung: d) Das Wort Gemüse hat das gleiche Verhältnis zum Wort Möhre wie das Wort Getreide zu einem anderen Wort. Nur einer der Lösungsvorschläge kommt dafür in Frage. Gesucht ist das Wort Weizen. Weil für Möhre ein Oberbegriff angegeben ist, zu dem er gehört – hier Gemüse – muss für den Oberbegriff Getreide ein passender Unterbegriff gefunden werden. Weizen ist die einzig richtige Lösung.

Beispiel 2: Geräusch zu Ohr wie Blitz zu ?

Lösungsmöglichkeiten:

a) Mund   b) Akustik   c) Kopf   d) Verletzung   e) Auge

Lösung: e) Ein Geräusch hört man mit dem Ohr, einen Blitz sieht man mit dem Auge.

Beziehungstypen bei Wortpaaren:
- Synonyme: Ende zu Trennung wie Freude zu Erfolg
- Antonyme/Gegensätze: lang zu kurz wie Himmel zu Erde
- Teil zum Ganzen: Buch zu Seite wie Treppe zu Stufe
- Grad der Intensität: Flüstern zu Schreien wie Lächeln zu Lachen
- Zugehöriges Verb der Bewegung: Auto zu fahren wie Boot zu schwimmen
- Rohstoff und Produkt: Roggen zu Brot wie Baumwolle zu Tuch
- Oberbegriff und Unterbegriff: Getränk zu Wasser wie Möbel zu Tisch

- ▶ Zweidimensionales Objekt zu dreidimensionalem Objekt: Quadrat zu Würfel wie Kreis zu Kugel
- ▶ Messung: Meter zu Abstand wie Kilogramm zu Gewicht
- ▶ Funktion eines Werkzeugs: Messer zu Schnitt wie Bohrer zu Loch
- ▶ Objekt nach seinem Gebrauch: Stift zu schreiben wie Bett zu schlafen
- ▶ Person und Objekt, das sie erschafft: Lehrer zu Noten wie Schriftsteller zu Buch
- ▶ Person und wonach sie sucht: Wissenschaftler zu Ideen wie Geologe zu Öl
- ▶ Person und was sie vermeidet: Pilot zu Absturz wie Student zu Scheitern
- ▶ Person und benutztes Werkzeug: Archäologe zu Schaufel wie Chirurg zu Skalpell
- ▶ Ursache und Wirkung: Fahrlässigkeit zu Unfall wie Arbeitslosigkeit zu Armut
- ▶ Mathematische Beziehung: fünf zu fünfzehn wie vier zu zwölf
- ▶ Klassifizierung und Art: Leistung zu gut wie Motivation zu schlecht
- ▶ Maskulin und feminin: Junge zu Mädchen wie Mann zu Frau
- ▶ Alter: Kind zu Jugendliche wie Jugendliche zu Erwachsene

Probeaufgaben für Erwachsene: Wortanalogien (Lösungen S. 227)

Hinweise Bei diesem Untertest werden Ihnen mehrere Antwortmöglichkeiten angeboten. Wählen Sie **eine** Antwort aus, die für Sie am zutreffendsten ist. In der Aufgabenstellung werden die Aufgaben als Gleichung dargestellt. A zu B wie C zu D. Dabei muss herausgefunden werden, welche Analogien, also welches Verhältnis, zwischen A und B besteht, um herauszufinden, welche Gesetzmäßigkeiten für C und D gelten müssen, damit die Gleichung stimmt. Versuchen Sie, möglichst alle Fragen zu beantworten. Wenn Sie eine bestimmte Frage nicht beantworten können, gehen Sie zur nächsten Frage weiter. Pro Aufgabe haben Sie maximal 20 Sekunden Zeit.

1. Gelb zu Grün wie Rot zu ?

a) Violett   b) Himmelblau   c) Weiß   d) Orange   e) Türkis

2. Schneiden zu Schere wie schreiben zu ?

a) Papier   b) Schriftsteller   c) Stift   d) Schulbedarf   e) Tisch

3. Dreieck zu Zylinder wie Fläche zu ?

a) Quadrat   b) Form   c) Körper   d) Boden   e) Linie

4. Schriftsteller zu Buch wie Künstler zu ?

a) Mensch   b) Labor   c) Kiosk   d) Pinsel   e) Bild

5. Tag zu Minute wie Woche zu ?

a) Monat   b) Jahreszeit   c) Stunde   d) Sekunde   e) Wochenende

6. Ebbe zu Flut wie Trennung zu ?

a) Spaltung   b) Verbindung   c) Scheidung   d) Aufteilung   e) Lösung

7. Italien zu Europa wie Marokko zu ?

a) Afrika   b) Land   c) Asien   d) dunkel   e) arm

8. Pflanze zu Blatt wie Wasser zu?

a) Wasserfall   b) Stiel   c) Eimer   d) nass   e) Tropfen

9. Obst zu Marmelade wie Backstein zu?

a) Mauer   b) Haus   c) Grundstück   d) eckig   e) Ofen

10. Ohr zu laut wie Zunge zu?

a) tasten   b) groß   c) feucht   d) süß   e) schmecken

Tatsache oder Meinung (TM)

» Tatsachen sind innere oder äußere Vorgänge und Zustände, die in der Gegenwart oder der Vergangenheit liegen und dem Beweis zugänglich sind. Meinungen sind Äußerungen im Rahmen einer geistigen Auseinandersetzung, die Elemente der Stellungnahme und des Dafürhaltens enthalten. Was ist der Unterschied?
Tatsachenbehauptungen sind beweisbar, aber nicht argumentierbar. Meinungsäußerungen sind argumentierbar, aber nicht beweisbar. Aus diesem Grund sind beispielsweise Meinungsäußerungen nicht gegendarstellungsfähig.

Aufgabenstellung:	Ist diese Aussage Tatsache oder Meinung?
Was wird geprüft:	Formallogisch exaktes Denken und sachgerechtes Beurteilen
Zeitvorgabe:	Max. 10 Sekunden pro Aufgabe
Bewertung:	Jede richtig gelöste Aufgabe = 1 Punkt, Fehler = 0 Punkte

Beispiel 1: Ist diese Aussage Tatsache oder Meinung?

In Deutschland ist ein stetiges Wirtschaftswachstum ein wirtschaftspolitisches Ziel.

Erklärung: Tatsache. „Wirtschaftswachstum kann unter mengenmäßigen, materiellen Gesichtspunkten betrachtet werden (quantitatives Wachstum) oder unter qualitativen Aspekten (qualitatives Wachstum). Quantitatives Wachstum zielt auf die rein mengenmäßige Zunahme der gesamtwirtschaftlichen Produktion im Sinne der Zunahme einer Sozialproduktgröße (z. B. BIP) ab. Qualitatives Wachstum beinhaltet neben der reinen Steigerung der gesamtwirtschaftlichen Produktionsmenge die Verbesserung der Lebensqualität der Menschen, die Schonung der Umwelt oder die gerechte Einkommensverteilung." (Quelle: www.bpb.de/nachschlagen/lexika/lexikon-der-wirtschaft/21136/wirtschaftswachstum; Aufruf 26.11.2015)

Beispiel 2: Ist diese Aussage Tatsache oder Meinung?

Geld macht glücklich.

Erklärung: Meinung. Einkommen und Glück hängen zusammen, jedoch nur in einem sehr geringen Ausmaß. Geld macht nur bis zu einem gewissen Punkt einen entscheidenden Unterschied aus. Nachdem die Grundbedürfnisse erfüllt sind, wir also genug Essen, Kleidung und ein Dach über dem Kopf haben, trägt Geld nicht weiter zu unserer Zufriedenheit bei.

Probeaufgaben für Erwachsene: Tatsache oder Meinung (Lösungen S. 228)

Hinweise	Bei diesem Untertest geht es darum, Tatsachenbehauptungen von Meinungsäußerungen zu unterscheiden. Versuchen Sie, möglichst alle Fragen zu beantworten. Wenn Sie eine bestimmte Frage nicht beantworten können, gehen Sie zur nächsten Frage weiter. Pro Aufgabe haben Sie maximal 10 Sekunden Zeit.

1. Eine Primzahl ist eine Zahl, die nur durch sich selbst und durch 1 teilbar ist.

2. Benzin wird aus Steinkohle gewonnen.

3. Der menschliche Körper hat 206 Knochen.

4. Venus wird auch als Abendstern bezeichnet.

5. Unter Liquidität eines Unternehmens versteht man seine Kreditwürdigkeit.

6. Jeder Deutsche hat Anspruch auf eine staatliche Rente.

7. Maulwürfe sind blind.

8. In sehr korrupten Ländern kommt es ständig zu Verletzungen der Menschenrechte.

9. Eine private Krankenversicherung ist teuer.

10. Der Job als Politiker ist besonders für junge Menschen sehr attraktiv.

Gemeinsamkeiten (GM)

» Dieser Untertest erfasst logisches und abstraktes Denken in Kategorien. Er gibt daher einen Einblick in die Art der Denkprozesse, indem er verdeutlicht, ob Denkoperationen vorwiegend auf einer konkreten Stufe oder bereits auf abstrakter Ebene durchgeführt werden. Hier wird sprachliches Denkvermögen und die Fähigkeit geprüft, zwischen wesentlichen und unwesentlichen Merkmalen zu unterscheiden. Zwischen zwei Dingen besteht eine Gemeinsamkeit, wenn sie sich in einem Merkmal ähnlich sind, auch wenn sie sich in anderen Merkmalen unterscheiden können.

Aufgabenstellung:	Was ist mit diesen beiden Dingen gemeinsam
Was wird geprüft:	Verbales Schlussfolgern und Konzeptbildung, auditives Verständnis, Gedächtnis, verbaler Ausdruck
Zeitvorgabe:	Keine
Bewertung:	Jede richtig gelöste Aufgabe (Oberbegriff) = 2 Punkte, wesentliches Merkmal = 1 Punkt, Fehler = 0 Punkte

Einführendes Beispiel: Was verbindet die folgenden Wörter: Kartoffel und Möhre? Diese Dinge kann man dem Begriff Gemüse zuordnen. Auch das Folgende ist zutreffend: es sind Lebensmittel, sie wachsen unter der Erde, sie sind essbar, man schält sie vor dem Verzehr. Außerdem schmecken beide gut. Ein gemeinsames, wesentliches Merkmal ist in diesem Fall aber Gemüse.

Bewertungskriterien bei der Bewertung nach dem 2 Punkte-System:

2 Punkte	Wichtiges Klassifikationsmerkmal, das für beide Dinge wesentlich ist
1 Punkt	Wichtiges Klassifikationsmerkmal, das für beide Dinge weniger zutreffend ist
0 Punkte	Wichtige Eigenschaft, die für beide Dinge nicht wesentlich oder spezifisch ist

Nun werden die Textaufgaben vorgegeben. Ihre Aufgabe ist es, die Gemeinsamkeiten von je 2 Wörtern zu finden. Hier ist der wesentliche Unterschied zu erkennen:

Beispiel 1: Was haben diese beiden Dinge gemeinsam: Elefant – Maus?

Lösungsmöglichkeiten mit Punktbewertung. Nur eine richtige Antwort:

2 Punkte:	Tiere, Säugetiere
1 Punkt:	Gleiche Farbe; 4 Beine; Fell; 2 Ohren; Schwänze
0 Punkte:	Nagetiere; aus Fleisch; fressen das gleiche Futter; können laufen

Beispiel 2: Was haben diese beiden Dinge gemeinsam: Kleid – Schuhe?
Lösungsmöglichkeiten mit Punktbewertung. Nur eine richtige Antwort:

2 Punkte:	Dinge, die man trägt; Anziehsachen; Bekleidung
1 Punkt:	Man kann sie anziehen; Dinge, die Frauen besonders lieben
0 Punkte:	Muss jeder haben; notwendig; bunt; aus Leder; aus Stoff; man trägt sie an den Füßen; kann man schenken

Klassifikationsmerkmale:
▶ Nebenprodukte, aus Naturmaterial hergestellt: Holz – Papier
▶ Berufsgruppen nach Werkzeugen oder nach hergestellten Dingen: Messer (Metzger – Chirurg) oder Kunst (Designer – Musiker)
▶ Gegenstände nach Eigenschaften: Quadrat – Würfel
▶ Wahlmöglichkeiten zu handeln, Arten, mit Problemen umzugehen: grüblerisch-besinnlich, Freude – Trauer
▶ Sie werden zum Leben gebraucht, chemische Verbindungen: Luft – Vitamine
▶ Maßzahlen, Dimensionen: Gramm – Kilo, Raum – Zeit
▶ Methoden der Kontrolle, Grenzen, Strukturen: Zusage – Verbot
▶ Oberbegriffe, Kategorien: Gemüse (Gurke – Tomate)
▶ Rohstoffe: Weizen – Leder, Aluminium – Naturgas
▶ Objekte nach Funktion: schlagen (Stock – Hammer)

Probeaufgaben für Erwachsene: Gemeinsamkeiten (Lösungen S. 228)

Hinweise	Bei diesem Untertest werden Ihnen mehrere Antwortmöglichkeiten angeboten. Wählen Sie **eine** Antwort aus, die für Sie am zutreffendsten ist. Dabei handelt es sich um ein wichtiges Klassifikationsmerkmal, das für beide Dinge wesentlich ist. Vorsicht: Es können auch mehrere Antworten richtig sein. Versuchen Sie, möglichst alle Fragen zu beantworten. Wenn Sie eine bestimmte Frage nicht beantworten können, gehen sie zur nächsten Frage weiter. Direktes Beantworten von Fragen (ohne Auswahl aus mehreren Antwortmöglichkeiten) wird bevorzugt.

1. Grün – Gelb

a) Grundrechenarten
b) in der Natur gibt es sie nicht
c) Regenbogenfarben
d) Äpfel haben solche Farben
e) entstehen, wenn unser Sehsystem den Sinnesreiz verarbeitet

f) Reflektionen von Licht
g) man kann damit malen
h) die Sonne ist gelb und das Gras ist grün
i) Farben
j) Schreibgeräte

2. Tasse – Teller

a) werden für das Essen verwendet
b) Werkzeuge zum Kochen
c) Dinge, die man benutzt
d) Geschirr
e) Gefäße, die zum Essen benötigt werden
f) auf dem Esstisch
g) gehören in die Küche
h) für Getränke
i) Essgeschirr
j) jedes Restaurant hat sie

3. Kupfer – Erdgas

a) von Menschenhand geschaffen
b) aus Naturmaterial hergestellt
c) Rohstoffe
d) haben mit Wärme zu tun
e) beeinflussen das Leben
f) Stoffe, die man durch Urproduktion gewinnt
g) Chemikalien
h) werden verwendet
i) kommen in der Natur vor
j) Substanzen

4. Brücke – Tunnel

a) gehören zur Infrastruktur
b) werden künstlich angelegt
c) Wege
d) aus Beton
e) lang
f) zum Durchfahren oder Durchlaufen
g) vom Menschen geschaffen
h) künstliche Verkehrswege
i) gehören zum Straßenbild
j) Ingenieurbauwerke

5. Planet – Meteorit

a) scheinen
b) Teile des Sonnensystems
c) Festkörper im Kosmos
d) weit weg
e) Bruchstücke von Asteroiden
f) Himmelskörper
g) Objekte auf einer Umlaufbahn um die Sonne
h) groß
i) rund
j) am Himmel

6. Fleisch – Joghurt

a) die gibt es im Supermarkt
b) Nahrungsmittel
c) schmecken gut
d) essbar
e) Genussmittel
f) riechen gut
g) enthalten Eiweiß
h) Naturprodukte
i) tierische Nahrungsmittel
j) von Tieren

7. Händereiben – Weinen

a) geben Informationen an
b) Unzufriedenheit
c) Gestik und Mimik
d) zeigen Emotionen
e) etwas, was man macht

f) wirken provokant
g) Ausdruck der Gefühle
h) Einstimmung
i) Körpersprache
j) Körperbewegungen

8. Gedicht – Zeichnung

a) Dinge, die man sieht
b) Handlung
c) Ausdrücke von Kreativität
d) machen das Leben schöner
e) kreative Werke

f) Darstellungen
g) Kunstwerke
h) drücken Gefühle aus
i) künstlerische Äußerungen
j) Äußerungen

9. Bestrafung – Entschuldigung

a) Konsequenzen
b) Eltern tun das
c) Reaktionen auf Wut
d) gut für Menschen
e) Dinge, die man jemandem geben kann

f) Erziehungsmaßnahmen
g) Arten, mit Problemen umzugehen
h) Möglichkeiten für Handlungen
i) Ergebnisse
j) Gedanken

10. Bewusstlosigkeit – Selbstbewusstsein

a) Zustände des Bewusstseins
b) Reaktionen auf die Umwelt
c) Verfassungen vom Geist
d) sind real
e) entstehen im Gehirn

f) haben mit Angst zu tun
g) Zustände, in denen man sich befinden kann
h) menschliche Entscheidungen
i) Ausprägungen der Wahrnehmung
j) beeinflussen das Leben

Logisches Denken

Bildentwurf (BE)

» Im Alltag hilft es uns sehr, wenn wir wissen, wie sich etwas einordnen lässt. Stellen Sie sich eine Welt vor, in der alles immer wieder unbekannt ist; man könnte Erlebtes nicht mit bereits vertrauten Erfahrungen in Beziehung setzen. Versuchen Sie, z. B. Autos nach verschiedenen Gesichtspunkten zu kategorisieren. Überlegen Sie zunächst, in welchen Situationen welcher Fahrzeugtyp benutzt wird. Lassen sich Gemeinsamkeiten zwischen den Modellen finden? Versuchen Sie, sinnvolle Ordnungen und Klassen zu bilden. Diese Übung wird Ihnen helfen, den folgenden Untertest erfolgreich zu lösen.

Aufgabenstellung:	Aus zwei oder drei Bilderreihen wählt man jeweils ein Bild aus, um damit eine neue Gruppe zu bilden
Was wird geprüft:	Abstraktes kategoriales Denken
Zeitvorgabe:	Keine
Bewertung:	Jede richtig gelöste Aufgabe = 1 Punkt, Fehler = 0 Punkte

Beispiele 1 und 2: Wählen Sie aus jeder Reihe ein Bild aus, das zu den Bildern aus den anderen Reihen passt.

1   2

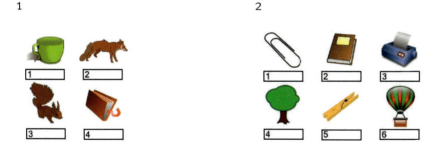

Lösung zu Beispiel 1: Hier sind vier Objekte abgebildet: eine Tasse, ein Fuchs, ein Eichhörnchen und ein Buch. Die Tasse hat nichts mit dem Buch gemeinsam. Genauso wenig hat sie mit dem Fuchs oder dem Eichhörnchen zu tun. Wenn wir den Fuchs in Betracht ziehen, finden wir in der Abbildung das passende Objekt: das Eichhörnchen. Beide sind Tiere. Das ist das gesuchte Paar. Die Lösung lautet: 2 und 3.

Lösung zu Beispiel 2: Das zweite Beispiel ist etwas komplizierter. Hier sind sechs Objekte dargestellt, für die sich kein Oberbegriff finden lässt. Wenn man die Abbildung genau betrachtet, fällt auf, dass hier zwei Objekte mit der gleichen Funktion (das Klammern) dargestellt sind. Eine Wäscheklammer und eine Büroklammer passen zusammen. Lösung: 1 und 5.

Beispiele 3 und 4: Wählen Sie aus jeder Reihe ein Bild aus, das zu den Bildern aus den anderen Reihen passt.

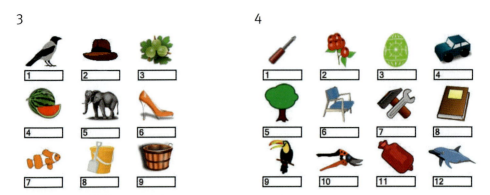

Lösung zu Beispiel 3: Wenn in der dritten Reihe ein Kleidungsstück vorhanden wäre, hätte es zusammen mit dem Hut und dem Schuh die Kategorie „Kleidung" gebildet. Stachelbeeren und Wassermelone passen zwar zusammen, aber zwei Eimer und ein Fisch in der dritten Reihe, bringen uns der Lösung nicht näher. Es sind drei Lebewesen: ein Vogel, ein Elefant und ein Fisch, die eine Kategorie (Tiere) bilden. Lösung: 1, 5 und 7.

Lösung zu Beispiel 4: Mit neun Objekten wird es nicht so einfach. Wenn man aber die Reihen „durchscannt", findet man drei Objekte mit der gleichen Eigenschaft. Das sind Werkzeuge, und sie sind aus Metall. Lösung: 1, 7 und 10.

Beispiele für Konzepte und Eigenschaften:
- Oberbegriff: Lebewesen, Pflanzen, Tiere, Spielzeug, Transportmittel, Bekleidung
- Objekte mit einer gleichen Funktion: Säge und Kneifzange, Messer und Schere
- Objekte nach ihrer Eigenschaft: leicht oder schwer, lässt sich öffnen, lässt sich drehen oder falten, kann fliegen
- Objekte aus gleichem Material oder Rohstoff: Eisen, Gummi, Papier, Holz, Wasser
- Objekte, deren Aktivität durch das gleiche Ereignis ausgelöst wird: Glocke, Fahne, Kerze – Wind
- Objekte mit einer ähnlichen Verwendung: Badewanne, Waschbecken, Schlauch – Wasser

Probeaufgaben für Erwachsene: Bildentwurf (Lösungen S. 228)

Hinweise Bei diesem Untertest geht es darum, in jeder Reihe je ein Objekt auszusuchen, das zusammen mit einem Objekt in der nächsten Reihe oder den nächsten Reihen einen logischen Zusammenhang bildet. Versuchen Sie, möglichst alle Aufgaben zu lösen. Wenn Sie eine bestimmte Aufgabe nicht lösen können, gehen Sie zur nächsten Aufgabe weiter.

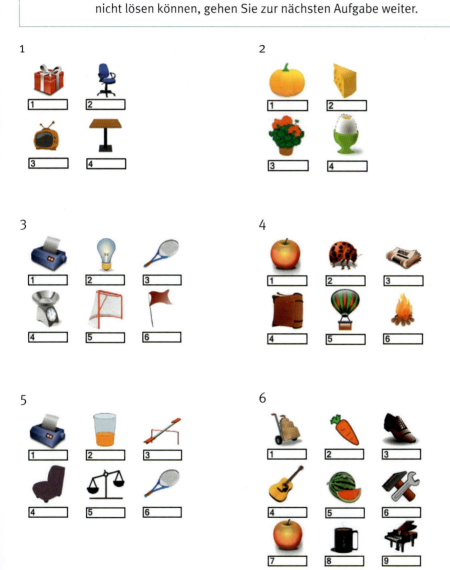

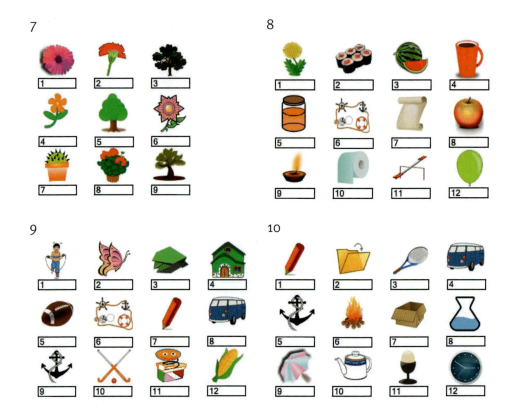

Matrizen (MZ)

» Bei diesem Untertest soll herausgefunden werden, ob Sie die Fähigkeit besitzen, Beziehungen zwischen Sachverhalten und Symbolen zu erkennen und daraus logische Schlussfolgerungen zu ziehen. Man soll die Regel im Matrizentest erkennen und ein fehlendes Teil aus einer Auswahl von verschiedenen Teilen ergänzen, sodass die Reihe sinnvoll fortgeführt werden kann.

Aufgabenstellung:	Welche Figur a bis e passt als einzige in das freie Kästchen mit dem Fragezeichen und ergänzt die anderen logisch?
Was wird geprüft:	Fluide Intelligenz, allgemeine intellektuelle Fähigkeit
Zeitvorgabe:	Keine
Bewertung:	Jede richtig gelöste Aufgabe = 1 Punkt, Fehler = 0 Punkte

Beispiel 1: Welche Figur a bis e passt als einzige in das freie Kästchen mit dem Fragezeichen und ergänzt die anderen logisch?

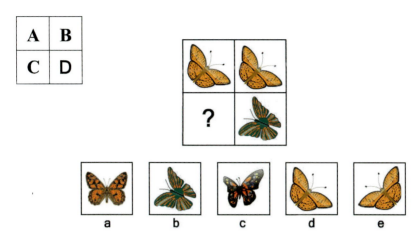

Lösung: b. Wenn man in die Kästchen Buchstaben setzt, wird die Struktur der Aufgabe erkennbar. Zwischen A und B besteht die gleiche logische Beziehung, wie zwischen C und D. Anders ausgedrückt: jede Reihe ist nach dem gleichen Prinzip aufgebaut. Man sieht in der ersten Reihe zwei Schmetterlinge, die in eine Richtung fliegen. Die zweite Reihe mit dem Fragezeichen muss mit dem gleichen Schmetterling ergänzt werden, der dort bereits vorhanden ist. Die einzige sinnvolle Ergänzung ist b.

Beispiel 2: Welche Figur a bis e passt als einzige in das freie Kästchen mit dem Fragezeichen und ergänzt die anderen logisch?

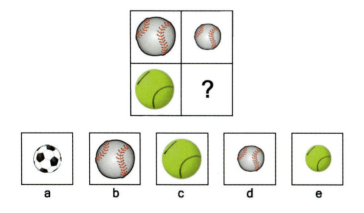

Lösung: e. Im Rechteck sind zwei verschiedene Bälle vorhanden, ein grauer und ein grüner. In der ersten Zeile gibt es den grauen Ball in zwei Größen. Hier gilt die Beziehung: klein – groß. In die zweite Zeile kommt anstatt des Fragezeichens der kleine grüne Ball aus dem Kästchen c, damit wird die Beziehung erfüllt.

Optimale Vorbereitung

Schauen Sie sich die Matrize im Matrizentest an und versuchen Sie, das Muster und die dazu gehörende Regel zu erkennen. Fällt Ihnen beim Betrachten beispielsweise auf, dass in einer Figur ein Kreis auf einer Diagonalen immer tiefer wandert, suchen Sie aus den Auswahlteilen das richtige Teil für das Muster aus und schreiben die richtige Lösung auf.

In manchem Matrizentest wird auch eine Reihe von Figuren vorgegeben, von denen einige einander ähnlich sind und andere nicht in die Reihe passen. Suchen Sie die Figuren aus, die sich von den anderen Figuren unterscheiden, und notieren Sie die Lösung.

Bearbeitungstipps für Aufgaben mit Matrizen
- Farbgestaltung: Die Farbe wechselt sich ab.
- Drehung: Die Figur wird um 45°, 90° oder um 135° entweder im Uhrzeigersinn oder entgegen dem Uhrzeigersinn gedreht.
- Spiegelbild: Die ganze Figur wird durch das Spiegelbild ersetzt. Noch eine Variante: die Hälfte der Figur (linke, rechte, obere oder untere) wird entfernt und durch das Spiegelbild der vorhandenen Hälfte ersetzt.
- Änderung der Reihenfolge von einzelnen Komponenten der Figur: Ein Beispiel mit Buchstaben: AAL verhält sich zu ALA wie BBQ zu BQB.
- Skalierung: Es gibt Figuren in zwei unterschiedlichen Größen.
- Addition und Subtraktion: Die Änderung der Striche, Punkte usw.
- Zusammenstellung von inneren und äußeren Komponenten der Figur: Die Figur besteht aus mehreren Komponenten, es ist eine Verschachtelung vorhanden.
- Mehrere Beziehungen zwischen zwei Figuren: Es wird auf Farbe, Größe, Winkel, Änderung der Reihenfolge, Änderung der Striche, Punkte zwischen beiden Figuren geachtet.

Probeaufgaben für Erwachsene: Matrizen (Lösungen S. 228)

Hinweise	Bei diesem Untertest ist eine unvollständige Vorlage gegeben. Aus verschiedenen Bildern wird das fehlende Teil ausgewählt. Versuchen Sie, möglichst alle Aufgaben zu lösen. Wenn Sie eine bestimmte Aufgabe nicht lösen können, gehen Sie zur nächsten Aufgabe weiter.

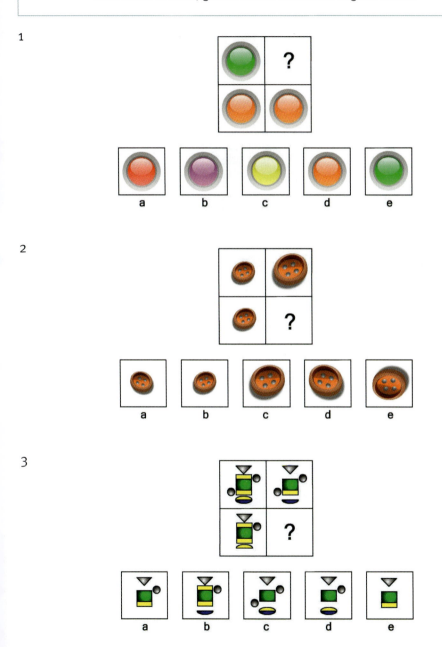

4

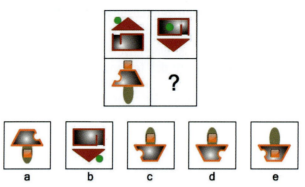

5

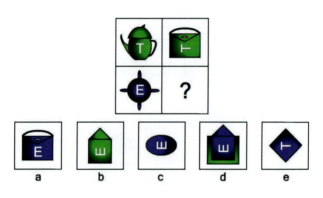

6

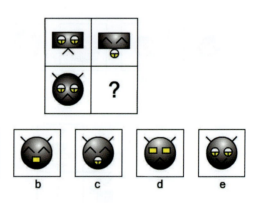

7

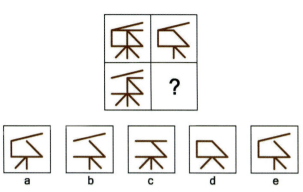

8

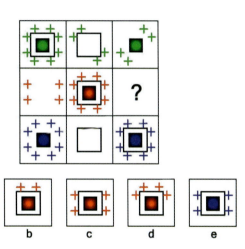

9

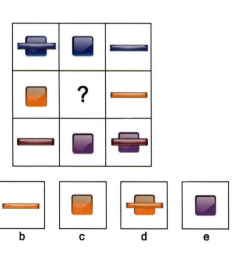

10

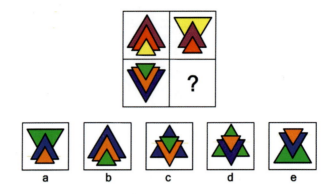

Logisches Ergänzen (LE)

» Ob beim Wandern oder beim Einkaufen, bei der Arbeit oder auf einer Reise – für uns ist es selbstverständlich zu wissen, wie unsere Umgebung beschaffen ist. Dabei gelangt nur ein Bruchteil aller Informationen, die unsere Sinnesorgane aufnehmen, bis in unser Bewusstsein. Mehrere Filter verhindern, dass wir mit Reizen überflutet werden. So können wir uns auf das Wesentliche konzentrieren und den Überblick behalten. Die Information eines Sinnesorgans wird in einem komplizierten Denkprozess mit bereits gespeichertem Wissen verglichen und in vertraute Kategorien eingeordnet. Erst wenn all diese Operationen abgeschlossen sind, können wir unsere Umwelt wirklich wahrnehmen. Das Ziel dieses Untertests ist, unter Einsatz von bereits gespeicherten Informationen wesentliche und unwesentliche Details zu unterscheiden.

Aufgabenstellung:	Das fehlende Detail im Bild erkennen
Was wird geprüft:	Visuelle Wahrnehmung und visuelle Organisation
Zeitvorgabe:	Max. 20 Sekunden pro Aufgabe
Bewertung:	Jede richtig gelöste Aufgabe = 1 Punkt, Fehler = 0 Punkte

Beispiel: Was fehlt hier?

Lösung: Hier fehlt ein Rad.

Probeaufgaben für Erwachsene: Logisches Ergänzen (Lösungen S. 228)

Hinweise	Bei diesem Untertest soll ein fehlendes Detail im Bild erkannt werden. Pro Aufgabe haben Sie 20 Sekunden Zeit.

1

2

3

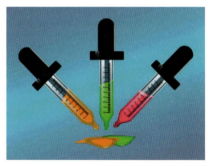

4

5

6

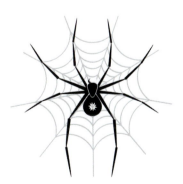

7

8

9

10

Figurenreihen (FR)

» Nicht jeder Mensch liebt es, Figurenreihen fortzusetzen, dies verlangt hohe Konzentration und die Fähigkeit, einfach logisch zu denken. Viele Menschen denken beim Fortsetzen dieser Reihen viel zu kompliziert, die Lösung ist in der Regel sehr viel einfacher und naheliegender. Sie müssen prinzipiell nur das Schema der Logik erkennen. Dieser Untertest hat seine Eigenheiten, die man kennen sollte, wenn man die Aufgaben erfolgreich bearbeiten möchte.

Aufgabenstellung:	Welche Figur ergänzt die Reihe logisch?
Was wird geprüft:	Fähigkeit des Kindes, in neuartigen Situationen und anhand von sprachfreien, figuralem Material Denkprobleme zu erfassen, Beziehungen herzustellen, Regeln zu erkennen, Merkmale zu identifizieren und rasch wahrzunehmen
Zeitvorgabe:	Keine
Bewertung:	Jede richtig gelöste Aufgabe = 1 Punkt, Fehler = 0 Punkte

Beispiel 1: Welche Figur ergänzt die Reihe logisch?

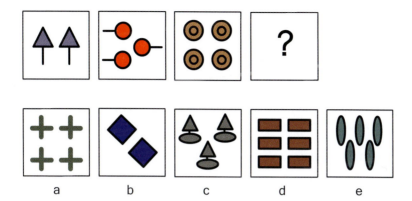

Lösung: e. Hier ist die Anzahl der Figuren entscheidend. Angefangen wird mit zwei, danach kommen drei und vier Figuren. Die Reihe wird mit fünf Figuren vervollständigt.

Beispiel 2: Welche Figur ergänzt die Reihe logisch?

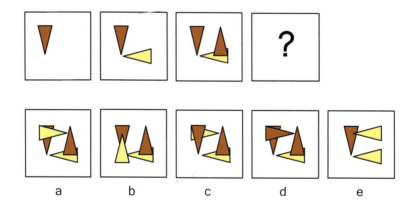

Lösung: a. Die Figur wird jeweils mit einem weiteren Dreieck vervollständigt. Beide Dreiecke (braun und gelb) bilden einen Winkel von 90 Grad zueinander.

Optimale Vorbereitung

Sie müssen sich Zeit nehmen und dürfen sich nicht verwirren lassen. Wichtig ist es, dass Sie nicht versuchen, mehr in die Figurenreihen hineinzuinterpretieren, als tatsächlich enthalten ist. Versuchen Sie, das regelmäßige Schema zu entdecken, nach dem sich die Reihen fortsetzen. Beispielsweise wechselt häufig die Position – waagerecht-senkrecht, oben-unten, links-rechts – in einer bestimmten Reihenfolge. In diesem Zusammenhang müssen Sie auch die sich verändernde Anzahl der Symbole betrachten. Finden Sie die Veränderung in jedem Aspekt heraus, verfolgen Sie diese schrittweise weiter, bis Sie die Logik entdeckt haben. Dann können Sie die Figurenreihen fortsetzen.

Beziehungstypen bei Figurenreihen
- Drehung: Die Figur wird im Uhrzeigersinn oder gegen den Uhrzeigersinn gedreht.
- Spiegelung: Die Figuren werden gespiegelt.
- Addition und Subtraktion: Manchmal führt zur Lösung ein Versuch, zwei oder mehrere Figuren zusammenzufügen. Es handelt sich in diesem Fall um eine Addition oder Subtraktion.
- Systematische Vorgehensweise: Es wird nach einer Logik gesucht, der die Reihe unterliegt.
- Vervollständigung der Figuren: Im nächsten Bild kommt ein neues Element hinzu. Die Vervollständigung kann entweder waagerecht/senkrecht oder im Uhrzeigersinn oder gegen den Uhrzeigersinn erfolgen.
- Fortbewegung der Symbole: Die Symbole bewegen sich bei jedem Schritt um eine Position weiter, z. B. von links nach rechts oder von unten nach oben. Die Bewegung erfolgt in der Regel abwechselnd.
- Eliminierung: Ein Teil der Figur wird jeweils herausgenommen
- Neigung: Ein Teil der Figur kippt mit jedem Schritt in eine bestimmte Richtung.
- Ausschlussverfahren: Die einzig mögliche Lösung entsteht dadurch, dass alle anderen Alternativen ausgeschlossen werden können.

Probeaufgaben für Erwachsene: Figurenreihen (Lösungen S. 229)

Hinweise	Bei diesem Untertest sind drei Figuren aufgezeichnet, und man soll die vierte Figur aus einer Reihe von Möglichkeiten auswählen. Versuchen Sie, möglichst alle Aufgaben zu lösen. Wenn Sie eine bestimmte Aufgabe nicht lösen können, gehen Sie zur nächsten Aufgabe weiter.

1

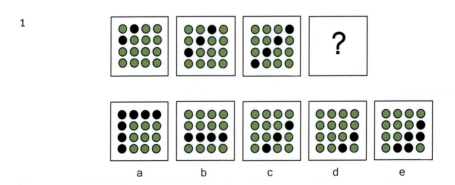

2

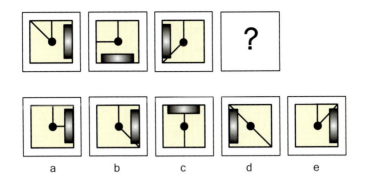

3

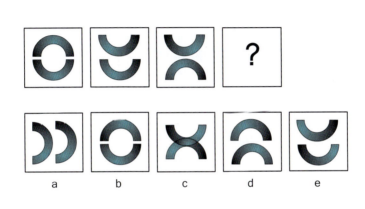

4

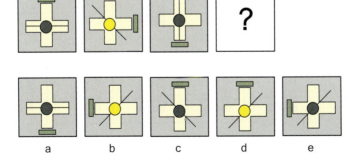

5

6

7

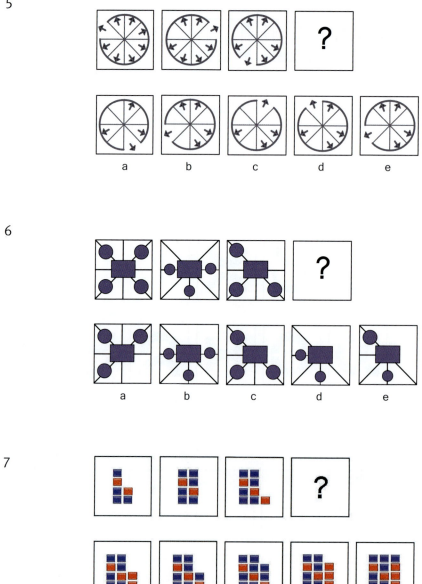

8

9

10

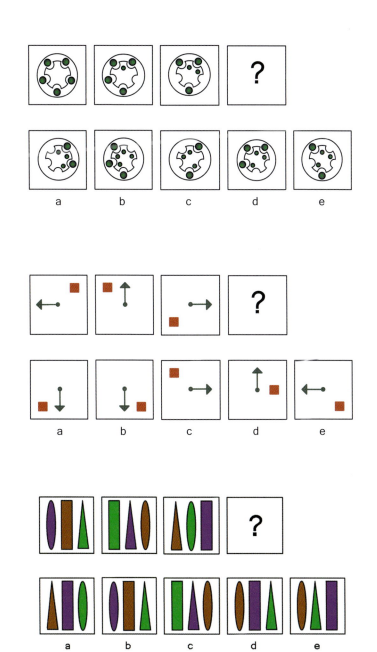

Bearbeitungsgeschwindigkeit

Symbole finden (SF)

» Visuelle Diskriminierung ist die Fähigkeit, Unterschiede bei Gesehenem wahrzunehmen, z. B. ähnlich aussehende Buchstaben voneinander unterscheiden zu können. Das ist die Fähigkeit des Gehirns, schnell den Unterschied zwischen visuell ähnlichen Buchstaben wie „p", „b" und „q" oder zwischen Wörtern wie „war" und „sah" zu erkennen. Diese Fähigkeit ist eine der wesentlichen Voraussetzungen für das erfolgreiche Durchlaufen schulischer Lernprozesse im Regelschulbereich.

Aufgabenstellung:	Vergleichen Sie zwei Zielsymbole und die Suchgruppe, die aus fünf Symbolen besteht, und geben Sie an, ob sich eines der beiden Zielsymbole in der Suchgruppe befindet.
Was wird geprüft:	Kognitive Verarbeitungsgeschwindigkeit und Flexibilität, visuelles Kurzzeitgedächtnis, visuomotorische Koordination, visuelle Diskriminaton, Konzentration
Zeitvorgabe:	Max. 2 Minuten für 45 Items
Bewertung:	Jede richtig gelöste Aufgabe = 1 Punkt, Fehler = 0 Punkte

Beispiel: Vergleichen Sie zwei Zielsymbole und die Suchgruppe, die aus 5 Symbolen besteht, und geben Sie an, ob sich eines der beiden Zielsymbole in der Suchgruppe befindet. Arbeiten Sie so schnell wie Sie können.

Erläuterung:

Aufgabe	Zielgruppe, 2 Zielsymbole	Suchgruppe, 5 Symbole
1.		
2.		

Lösung: Die Zielgruppe besteht aus zwei Zielsymbolen, die Suchgruppe hat fünf Symbole. Es wird geprüft, ob eines der Zeichen aus der Zielgruppe in der Suchgruppe vorhanden ist. In der ersten Zeile gibt es das Zielsymbol an der letzten Stelle in der Suchgruppe, deshalb ist hier „ja" angekreuzt. Keines der Zielsymbole in der zweiten Zeile gleicht den Zeichen der Suchgruppe, deshalb „nein".

Probeaufgaben für Erwachsene: Symbole finden (Lösungen S. 229)

| Hinweise | Bei diesem Untertest sollen möglichst viele Symbolsequenzen auf das Vorhandensein je eines vorgegebenen Symbols überprüft werden. Versuchen Sie, möglichst alle Aufgaben zu lösen. Wenn Sie eine bestimmte Aufgabe nicht lösen können, gehen Sie zur nächsten Aufgaben weiter. Für 45 Aufgaben haben Sie maximal 2 Minuten Zeit. |

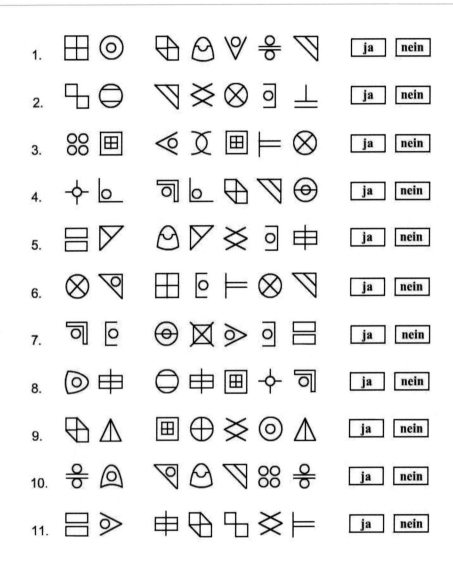

12.			ja	nein
13.			ja	nein
14.			ja	nein
15.			ja	nein
16.			ja	nein
17.			ja	nein
18.			ja	nein
19.			ja	nein
20.			ja	nein
21.			ja	nein
22.			ja	nein
23.			ja	nein
24.			ja	nein
25.			ja	nein

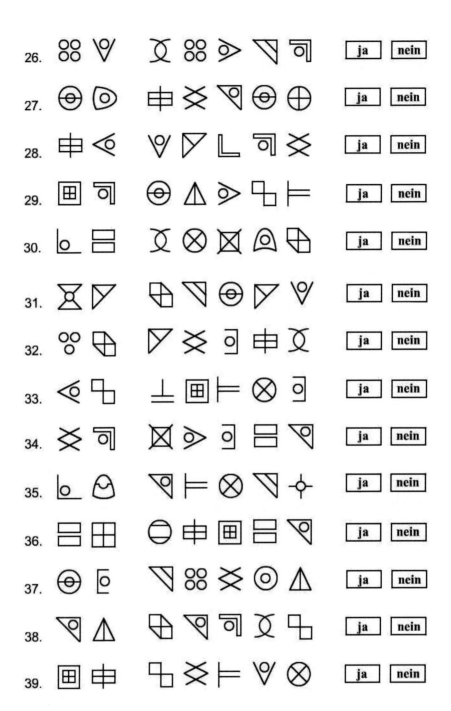

40. ⊕ ⌂ ⋈ ▽ ⧗ ⌂ ◁ [ja] [nein]

41. ÷ ⌸ ⧗ ✢ ⌐ ⊞ ⊙ [ja] [nein]

42. ⦇⦈ ⊖ ⊖ ⊢ △ ▷ ☰ [ja] [nein]

43. ☰ ÷ ⧗ ✢ ⊗ ∇ ⌐ [ja] [nein]

44. ▽ ⧗ ⊞ ⊠ ∇ △ ⌐ [ja] [nein]

45. ⧗ ♭ ⊖ ▷ ⊠ ♭ ⦇⦈ [ja] [nein]

Bilder durchstreichen (BD)

» Unter selektiver Aufmerksamkeit versteht man die Fähigkeit, sich auf die relevanten Reize zu fokussieren und die irrelevanten auszublenden. Selektivität bedeutet aber nicht nur eine Fokussierung der Aufmerksamkeit, sondern auch die Fähigkeit, gleichzeitig mehrere Aufgaben zu bearbeiten und mehr als eine Reizquelle beachten zu können. Hierbei spricht man von geteilter Aufmerksamkeit. Die Selektionsfunktion der Aufmerksamkeit wird deutlich, wenn man zu einem bestimmten Zeitpunkt eine große Menge von auditiven und visuellen Reizen auf unsere verschiedenen Sinnesorgane einwirken lässt.

Aufgabenstellung:	Möglichst viele Zielbilder unter Zeitdruck finden
Was wird geprüft:	Verarbeitungsgeschwindigkeit, visuelle selektive Aufmerksamkeit
Zeitvorgabe:	1 Minute für 320 Items
Bewertung:	Jedes durchgestrichene Objekt = 1 Punkt, Fehler = 0 Punkte

Beispiel (Bilder durchstreichen ungeordnet): In der untenstehenden Aufgabe sind alle Bilder in einem zufälligen Muster angeordnet. Ihre Aufgabe ist es, in diesem Muster die Zielbilder (Obst) zu finden.

Zielbilder:

Probeaufgabe mit 20 Items:

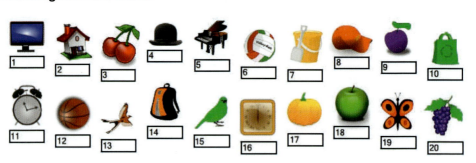

Lösung: Unter 20 hier vorhandenen Items lassen sich zwei Kirschen, eine Pflaume, ein Apfel und ein Bündel von Weintrauben finden. Also, in der Abbildung die Nummern: 3, 9, 18 und 20. Das sind die gesuchten Zielbilder.

Beispiel (Bilder durchstreichen geordnet): In dieser Aufgabe sind die Bilder in einer strukturierten Weise angeordnet. Es wird nach Zielbildern gesucht.

Zielbilder:

Probeaufgabe mit 20 Items:

Lösung: Eine Kastanie, eine Papaya, Johannisbeeren, Trauben und ein Apfel sind hier durchzustreichen. Lösung sind die Nummern 6, 9, 12, 17 und 18.

Probeaufgaben für Erwachsene: Bilder durchstreichen (Lösungen S. 230)

Hinweise	Bei diesem Untertest sollen möglichst viele Zielbilder gefunden werden. Betrachten Sie die Zielbilder ganz genau und streichen sie die Kästchen mit den Nummern unter diesen Bildern durch. Für 320 Bilder haben Sie maximal 1 Minute Zeit.

Zielbilder:

Die nachfolgenden drei Aufgabenseiten sollten zügig bearbeitet werden.

Wörter gruppieren (WG)

» Sicherlich ist es Ihnen schon aufgefallen, dass Sie sich viel besser konzentrieren können, wenn Sie ausgeruht und „gut drauf" sind. Gerade bei größeren Vorhaben ist es besonders wichtig, mit allen verfügbaren Kräften ans Werk zu gehen. Sie sind am erfolgreichsten, wenn Sie sich voll und ganz auf die jeweilige Aufgabe konzentrieren. Je weniger Ihre Gedanken abschweifen, umso besser können Sie sich wichtige Dinge einprägen und umso zuverlässiger werden Sie sich später daran erinnern. Eine gute Konzentrationsfähigkeit ist die wichtigste Voraussetzung für rasches und effektives Arbeiten. In diesem Untertest haben Sie es mit einer Aufgabe zu tun, die bei Wegfall der Zeitbegrenzung von allen Testpersonen gelöst werden kann.

Aufgabenstellung:	Finden Sie möglichst viele Zielwörter.
Was wird geprüft:	Arbeitstempo, Auffassungsgabe, Konzentrationsleistung beim Lösen einfach strukturierter Aufgaben von geringem Schwierigkeitsniveau
Zeitvorgabe:	20 Sekunden für 56 Items
Bewertung:	Jedes durchgestrichene Wort = 1 Punkt, Fehler = 0 Punkte

Beispiel: Finden Sie alle Automarken.

Lastwagen	Fabia	Hyundai	Klassiker
Dacia	Antara	Colt	Rakete
Auto	Opel	Benzin	Exeo
Scorpion	Zug	Levante	Smart
Forester	Aveo	Diplomat	Sandero
Liebling	Oldtimer	Sirion	Nano
Tamora	Seat	Surf	Aida
Kutsche	Brasilio	Vierrad	BMW
Ford	Wind	Korb	Mars
Freude	Traum	Mitsubishi	Silido
Lena	Viereck	Knirps	Falke
Bombardier	Renault	Karosse	Tüte
Mercedes	Speedy	Münze	Toyota
Boeing	Feder	Volvo	Pferd

Lösung: Die Automarken sind: Dacia, Ford, Mercedes, Opel, Seat, Renault, Hyundai, Mitsubishi, Volvo, Smart, BMW, Toyota.

Probeaufgaben für Erwachsene: Wörter gruppieren (Lösungen S. 230)

Hinweise	Bei diesem Untertest sollen möglichst viele Zielwörter gefunden werden. Streichen Sie die Zielwörter durch. Für 56 Wörter haben Sie maximal 20 Sekunden Zeit.

1. Finden Sie alle Wörter, die Berufe bezeichnen.

Vorpolierer	Kunde	Chef	Flüchtling
Kollege	Orthoptist	Goldschmied	Hochstapler
Looser	Schüler	Verwandter	Tourist
Ehemann	Feldwebel	Patient	Freund
Fanatiker	Besucher	Mutter	Bekannte
Emigrant	Ergotherapeut	Fußgänger	Radfahrer
Ungeduldiger	Träumer	Leser	Millionär
Inhaber	Informatiker	Geist	Kandidat
Drogenhändler	Verantwortlicher	Hundebesitzer	Einzelgänger
Tierarzt	Gastgeber	Angeber	Verantwortlicher
Zuschauer	Klägerin	Flüchtling	Pilot
Student	Prinzessin	Dolmetscher	Erziehungsberechtigter
Tante	Reisender	Zuhörer	Verkäufer
Lehrer	Aktionär	Obdachloser	Bewerberin

Zahlen und Symbole (ZS)

» Hier wird jedes Symbol mit der dazugehörigen Zahl verbunden und umgekehrt. Wenn Sie diesen Untertest gründlich kennen, können Sie sich damit Vieles kurzfristig merken. Das funktioniert ganz einfach: Sie haben bereits Zweierkopplungen geübt und kennen sich inzwischen gut aus, was diese kreativen Phantasiebilder angeht. Hier kommt es nun darauf an, die Begriffe, die Sie sich merken wollen, mit den fest abgespeicherten Symbolbildern zu verbinden.

Aufgabenstellung:	Füllen Sie die Kästchen mit Symbolen aus.
Was wird geprüft:	Verarbeitungsgeschwindigkeit, Kurzzeitgedächtnis, Lernfähigkeit, visuelle Wahrnehmung, visuomotorische Koordination, Fähigkeit zum visuellen Scanning, kognitive Flexibilität, Aufmerksamkeit
Zeitvorgabe:	Max. 2 Minuten für 126 Items
Bewertung:	Jede richtig gelöste Aufgabe = 1 Punkt, Fehler = 0 Punkte

Beispiel: Jede Zahl wird mit einem anderen Symbol verschlüsselt. Prägen Sie sich die Symbole erst einmal ein. Betrachten Sie dazu aufmerksam die Zahlen und die jeweiligen Symbolbilder, und wiederholen Sie diese Kombinationen so oft in Ihrem Gedächtnis, bis Sie sie schließlich vorwärts und rückwärts beherrschen. Zeichnen Sie nun jedes Symbol in das entsprechende Kästchen ein.

Schlüssel:

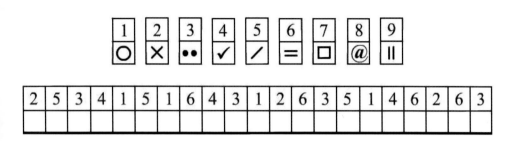

Lösung: Die Kästchen wurden mit den dazugehörigen Symbolen vervollständigt.

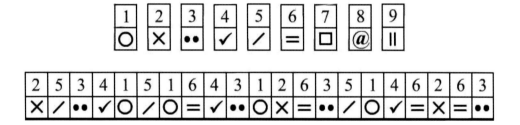

Probeaufgaben für Erwachsene: Zahlen und Symbole (Lösungen S. 230)

Hinweise	Bei diesem Untertest sind Symbole nachzuzeichnen, die mit Zahlen gepaart sind. Mithilfe eines Schlüssels zeichnen Sie bitte jedes Symbol in das entsprechende Kästchen. Für 126 Kästchen haben Sie 2 Minuten Zeit.

Schlüssel:

1	2	3	4	5	6	7	8	9
⊏	○	↑	♈	=	↓	∟	∽	•

2	5	3	4	1	5	1	6	4	3	1	2	6	3	5	1	4	6	2	6	3

3	6	7	1	4	7	6	2	3	4	6	5	7	1	2	4	5	3	7	3	6

5	3	2	1	8	2	5	7	1	7	8	2	7	1	8	5	1	7	5	3	8

4	9	2	8	2	9	1	7	8	5	1	5	8	5	7	1	9	3	5	8	1

8	3	6	1	7	9	4	5	3	2	4	9	3	4	3	6	8	3	7	1	4

7	5	1	4	6	2	3	9	4	5	8	1	3	9	6	4	1	8	7	4	5

Teil 2: Tests für Kinder von 8 bis 12 Jahre

Testaufbau und Durchführung des Tests

Unabhängig von der Altersgruppe setzt sich ein Test aus 16 unterschiedlichen und in vier Intelligenzbereiche aufgeteilten Untertests zusammen: Sprachverständnis, logisches Denken, Verarbeitungskapazität und Bearbeitungsgeschwindigkeit. Die empfohlene Reihenfolge der Untertests sieht wie folgt aus:

1. Logisches Denken: Logisches Ergänzen (LE) – 10 Aufgaben
2. Verarbeitungskapazität: Gemeinsamkeiten (GM) – 10 Aufgaben
3. Verarbeitungskapazität: Eingekleidete Rechenaufgaben (ER) – 10 Aufgaben
4. Verarbeitungskapazität: Wortanalogien (WA) – 10 Aufgaben
5. Logisches Denken: Bildentwurf (BE) – 10 Aufgaben
6. Sprachverständnis: Wortschatz (WS) – 10 Aufgaben
7. Logisches Denken: Matrizen (MZ) – 10 Aufgaben
8. Sprachverständnis: Allgemeines Verständnis (AV) – 10 Aufgaben
9. Bearbeitungsgeschwindigkeit: Symbole finden (SF) – 45 Aufgaben
10. Verarbeitungskapazität: Tatsache oder Meinung (TM) – 10 Aufgaben
11. Bearbeitungsgeschwindigkeit: Bilder durchstreichen (BD) – 1 Aufgabe mit 320 Items
12. Sprachverständnis: Allgemeinwissen (AW) – 10 Aufgaben
13. Logisches Denken: Figurenreihen (FR) – 10 Aufgaben
14. Sprachverständnis: Wörter erkennen (WE) – 10 Aufgaben
15. Bearbeitungsgeschwindigkeit: Zahlen und Symbole (ZS) – 1 Aufgabe mit 126 Items
16. Bearbeitungsgeschwindigkeit: Wörter gruppieren (WG) – 1 Aufgabe mit 56 Items

Die Einschätzung der Leistung des Kindes erfolgt anhand von Testaufgaben für die jeweilige Altersgruppe. Bei der Konstruktion von 4 altersspezifischen Tests (8 bis 9 Jahre, 9 bis 10 Jahre, 10 bis 11 Jahre und 11 bis 12 Jahre) wurden die speziellen Vorbedingungen der jeweiligen Altersguppen berücksichtigt, was eine erfolgreiche Testdurchführung ermöglicht. Zum Testen wenden Sie bitte die Tests für die geeignete Altersgruppe aus. Ist Ihr Kind beispielsweise 9 Jahre alt, werden ihm die Aufgaben für die Gruppe 9 bis 10 Jahre angeboten, bei einem elfjährigen Kind sollte man den Test für die Gruppe 11 bis 12 Jahre durchführen.

Die Reihenfolge von Untertests sorgt für eine Abwechslung der Herausforderungen. Ihr Kind darf aber selbst die Reihenfolge festlegen. Für alle Fälle gilt: Ein Untertest soll vollständig bearbeitet werden, bevor man mit einem neuen anfängt. Im Bereich Sprachverständnis gibt es Aufgaben des „Multiple-Choice"-Typs mit mehreren Antwortmöglichkeiten. Wenn man bei solchen Aufgaben die richtige Lösung nicht weiß, arbeitet man nach der Ausschlussmethode. Das heißt, es werden die Antworten ausgeschlossen, die auf keinen Fall infrage kommen und die Lösung ausgewählt, die zum Schluss übrig bleibt. Sollte man im Bereich Sprachverständnis auf Multiple-Choice-Verfahren verzichten, wird das Testergebnis aussagekräftiger. Die Antwortmöglichkeiten dienen in diesem Fall als Orientierung bei der Bewertung von Aufgaben. Bei den Aufgaben mit einer Zeitbegrenzung wird Ihr Kind wahrscheinlich in der Kürze der vorgegebenen Zeit nicht alle vorgelegten Aufgaben erfolgreich bearbeiten können. Das ist auch in der Testrealität so beabsichtigt, d.h. man will die Testperson unter Stress setzen, um zu ermitteln, wie viel sie unter diesen Bedingungen schaffen kann. Hinzu kommt, dass manche Aufgaben im Schwierigkeitsgrad ansteigen, so dass man immer langsamer vorankommt.

Nach Bedarf kann das Testen auf zwei bis drei Termine aufgeteilt werden. Es ist nicht zwingend erforderlich, alle 16 angebotenen Untertests zu bearbeiten. Wenn bei Ihrem Kind Mathematik als Fach nicht besonders beliebt ist, hat es auch keinen Spaß am Untertest „Eingekleidete Rechenaufgaben". Anderseits sollte Ihr Kind sich vielleicht doch die Gelegenheit nicht entgehen lassen, Mathematik sozusagen spielerisch lieben zu lernen.

Die Untertests werden zunächst einzeln ausgewertet und mit den Lösungen im Lösungsteil verglichen.
Bei den meisten Aufgaben wird die richtige Lösung mit einem Punkt bewertet. Bei der Gesamtzahl von 10 Aufgaben in einem Untertest, wie z. B. bei dem ersten Untertest „Logisches Ergänzen (LE)", entspricht die Rohwertsumme der Summe der Punkte. Bei den Untertests, bei denen das nicht der Fall ist (Beispiel: der neunte Untertest „Symbole finden (SF)"), werden die Ergebnisse mit Umrechnungstabellen auf ein einheitliches 10-Punkte-System gebracht. Als grobe Orientierung für die Einstufung der Leistungen bei den einzelnen Untertests gilt: Durchschnittliche Leistungen erreicht Ihr Kind, wenn es wenigstens 4 Punkte erzielt, über dem Durchschnitt liegt Ihr Kind bei wenigstens 8 Punkten. Berücksichtigen Sie bitte, dass 50% richtig gelöster Aufgaben (5 Punkte) in der Gesamtmenge eines Untertests schon sehr befriedigend sind. 100% (10 Punkte) sind in der Regel selten zu erreichen, und wenn die Ergebnisse Ihres Kindes um die 6 bis 7 Punkte liegen, können Sie mit seiner Leistung zufrieden sein. Wenn Sie bei der Auswertung der Tests feststellen, dass die Leistungen Ihres Kindes schlechter ausfallen als erwartet, sollen Sie das nicht überbewerten. Intelligenz lässt sich mit gezielten Fördermaßnahmen steigern.

Im Anschluss kann man die Ergebnisse im „Untertest-Punkte-Profil" (s. S. 232, 240, 248, 256, 264) grafisch darstellen. Zur Darstellung zeichnet man in dieser Tabelle einen Punkt in Höhe der Ziffer, die der Summe der Punkte des jeweiligen Untertests entspricht. Die Punkte werden mit Linien verbunden. Der grau gekennzeichnete Bereich (4 bis 7 Punkte) in der Tabelle „Untertest-Punkte-Profil" entspricht der durchschnittlichen Leistung Ihres Kindes.

Für die Beurteilung der Gesamtleistung kann diese Tabelle verwendet werden.

Erzielte durchschnittliche Punktzahl im Bereich	Beurteilung der Leistung
1 bis 3 Punkte	unterdurchschnittlich
4 bis 7 Punkte	durchschnittlich
8 bis 10 Punkte	überdurchschnittlich

Sollten Sie die Tests in diesem Buch zum Üben verwenden, sind folgende Anhaltspunkte zu beachten:
- Ihr Kind kann alle Tests für alle untergeordneten Altersgruppen und für eine übergeordnete Altersgruppe bearbeiten.
- Ihr Kind kann alle Untertests für alle Altersgruppen im Bereich Bearbeitungsgeschwindigkeit bearbeiten.

Einige Testregeln für Eltern und Kinder

- Führen Sie nur dann einen Test durch, wenn sich das Kind in jeder Hinsicht fit fühlt. Müdigkeit oder ein schlechter Gesundheitszustand können das Testergebnis verfälschen.
- Die Untersuchungsdauer hängt vom Alter und Leistungsvermögen des Kindes sowie von Ihrem Verhalten bei der Aufgabendarbietung ab. Bei manchen Untertests ist die Zeitvorgabe vorgeschrieben.
- Legen Sie Arbeitsmaterial für das Kind vorher zurecht. Sorgen Sie für eine Stoppuhr für die Aufgaben mit Zeitlimit. Ihr Kind soll während des Tests nicht gestört werden, da jede Ablenkung das Testergebnis verfälscht.
- Zu Beginn eines Untertests muss die Aufgabe erklärt werden. Dazu können Sie Beispiele zu den Testaufgaben verwenden. Sie ermutigen und motivieren das Kind zur Lösung. Sollte das Kind einzelne Fragen oder Aufgabestellungen nicht verstanden haben, können diese von Ihnen wiederholt werden. Im Allgemeinen dürfen dem Kind keine Hilfestellungen gegeben werden.
- Beim Testen sollte man regelmäßige Pausen einlegen: Grundschüler brauchen nach 20 Minuten intensiver Arbeit eine fünfminutige Pause mit Bewegung.

Test für die Altersgruppe 8 bis 9 Jahre

Sprachverständnis	Verarbeitungskapazität
- Wortschatz (WS) - Allgemeines Verständnis (AV) - Wörter erkennen (WE) - Allgemeinwissen (AW)	- Eingekleidete Rechenaufgaben (ER) - Wortanalogien (WA) - Tatsache oder Meinung (TM) - Gemeinsamkeiten (GM)
Logisches Denken	**Bearbeitungsgeschwindigkeit**
- Bildentwurf (BE) - Matrizen (MZ) - Logisches Ergänzen (LE) - Figurenreihen (FR)	- Symbole finden (SF) - Bilder durchstreichen (BD) - Wörter gruppieren (WG) - Zahlen und Symbole (ZS)

1. Untertest **Logisches Ergänzen (LE) / Max. 20 Sek. pro Aufgabe**

Aufgaben: Was fehlt hier? Erkenne das fehlende Detail im Bild.

1
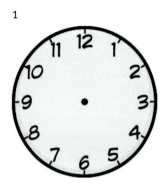

2
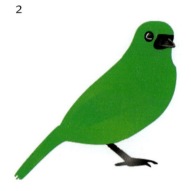

3

4

5

6

7

8

9

10

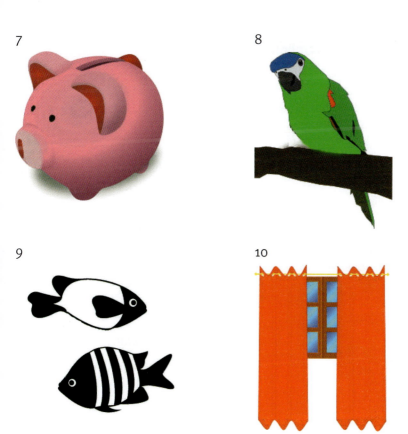

(Lösungen S. 233)

2. Untertest　Gemeinsamkeiten (GM)

Aufgaben: Was haben diese beiden Begriffe gemeinsam?

1. Auto – Motorrad

   a) Elektrogeräte
   b) Transportmittel
   c) stehen in der Garage
   d) beide haben Räder
   e) man kann damit fahren
   f) von Menschenhand geschaffen
   g) Werkzeuge
   h) Fahrzeuge
   i) beide fahren gleich schnell
   j) nicht materiell

2. Stachelbeeren – Blaubeeren

   a) schmecken gut
   b) Beeren
   c) Obst
   d) klein
   e) Gemüse
   f) weich
   g) wachsen an Sträuchern
   h) beide sind blau
   i) wachsen über der Erde
   j) Nahrungsmittel

3. Tisch – Stuhl

   a) beide haben eine Rückenlehne
   b) beide haben eine Platte
   c) was draufzusetzen
   d) haben in der Regel vier Beine
   e) zum Abstellen von Dingen
   f) man verwendet beide manchmal beim Essen
   g) machen Geräusche
   h) aus Holz
   i) Einrichtungsstücke
   j) Möbel

4. Hut – Kopftuch

   a) etwas zum Tragen
   b) für Bauern
   c) im Kleiderschrank aufzubewahren
   d) man setzt sie auf den Kopf
   e) bedecken die Haare
   f) Naturprodukte
   g) Kopfbedeckung
   h) man kann sie waschen
   i) zum Abhalten der Sonne
   j) schützen den Kopf

5. Flut – Ebbe

   a) größere Wassermassen
   b) laut
   c) es kracht
   d) Wasserspiegel verändert sich
   e) Steigen des Wassers
   f) entstehen in einer Waschanlage
   g) positive Veränderungen
   h) Naturkatastrophen
   i) entstehen auf der Erde
   j) Naturereignisse

6. Plus – Minus

a) Rechenoperationen
b) leicht zu machen
c) sind aus Papier
d) zum Arbeiten mit Zahlen
e) Wahlmöglichkeiten
f) sind auch in der Geldbörse zu finden
g) Grundrechenoperationen
h) man kann sie nicht anfassen
i) beide haben mit dem Kopfrechnen zu tun
j) werden in der Mathematik verwendet

7. Jupiter – Venus

a) schwer
b) hell
c) Himmelskörper
d) sehr weit von der Erde
e) in der Natur
f) glänzen
g) am Himmel
h) Sterne
i) rund
j) Planeten

8. Dreieck – Pyramide

a) haben drei Ecken
b) Materialien für die Schule
c) Pyramide ist das Gleiche wie Dreieck, nur dreidimensional
d) Werkzeuge
e) Schreibgeräte
f) geometrische Figuren
g) verwendet man in der Geometrie
h) Dreieck ist zweidimensional, Pyramide ist dreidimensional
i) Substanzen
j) sind aus Metall

9. Gold – Aluminium

a) Schmuck
b) man baut aus beiden Haushaltsgeräte
c) Rohstoffe
d) wachsen auf der Erde
e) Metalle
f) man findet sie unter der Erde
g) beides sind Edelmetalle
h) Kristalle
i) werden zu Produkten verarbeitet
j) kommen in der Natur vor

10. Ameise – Raupe

a) fressen Pflanzen
b) Käfer
c) werden zu Schmetterlingen
d) klein
e) Ameise ist schnell, Raupe ist langsam
f) bewegen sich nur langsam fort
g) Tiere
h) Insekten
i) Lebewesen
j) leben in der Natur

(Lösungen S. 233)

3. Untertest — Eingekleidete Rechenaufgaben (ER) / Max. 30 Sek. pro Aufgabe

Aufgaben: Löse die folgenden Rechenaufgaben.

1. Wie viele Elektrogeräte befinden sich im Haus?

2. Die schwarzen Fische und die blauen Fische treffen sich. Wie viele Fische gibt es nun insgesamt?

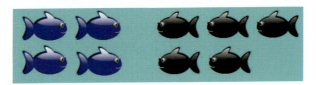

3. Zwei Kühe haben 4 Eimer Milch gegeben. Wie viele Eimer Milch gab jede Kuh?

4. Drei Vögel sitzen auf dem Baum, sieben kommen dazu. Wie viele Vögel gibt es insgesamt?

5. Es sind drei verschiedene Blumenarten vorhanden, die nicht gleich sind. Was ist die höchste Anzahl an gleichen Blumen?

6. Es gab 9 braune Katzen. Drei davon laufen weg, vier schwarze Katzen kommen dazu. Wie viele Katzen gibt es nun insgesamt?

7. Im Garten wächst Gemüse: Zucchini, Auberginen und Zwiebeln. Für ein Gericht verbraucht man die gleiche Anzahl von jedem Gemüse. Auberginen sind nicht mehr da. Welches Gemüse und in welcher Anzahl bleibt es übrig?

8. Pia, Tom, Markus und Kim sind am Flughafen angekommen. Jeder holt die gleiche Anzahl an gleichen Gepäckstücken. Wie viele Gepäckstücke bleiben insgesamt noch übrig?

9. In einem Wald wachsen 9 hellgrüne Bäume. Man fällt 4 davon und pflanzt 6 dunkelgrüne Bäume. Wie viele Bäume insgesamt wachsen nun im Wald?

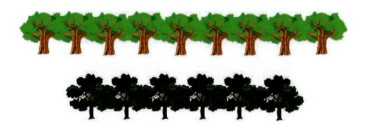

10. Die schöne Mona und die fleißige Susi haben zusammen 7 Eier gelegt. Susi hat 3 Eier mehr gelegt als ihre Freundin. Wie viele Eier stammen von Susi?

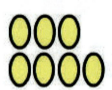

(Lösungen S. 233)

4. Untertest — Wortanalogien (WA) / Max. 20 Sek. pro Aufgabe

Aufgaben: Welche Beziehung besteht zwischen diesen zwei Objekten?

1. Fuß zu Socke wie Hand zu ?
   a) warm   b) Finger   c Faust   d) Handschlag   e) Handschuh

2. Dienstag zu Mittwoch wie Februar zu ?
   a) April   b) Donnerstag   c) März   d) Montag   e) Mai

3. Schiff zu schwimmen wie Flugzeug zu ?
   a) Erde   b) Luft   c) schwer   d) fliegen   e) Pilot

4. Apfel zu Obst wie Gurke zu ?
   a) Gemüse   b) Kürbis   c) grün   d) Baum   e) schmeckt

5. Kilogramm zu Gramm wie Meter zu ?
   a) Stück   b) lang   c) messen   d) Tonne   e) Millimeter

6. Buch zu lesen wie Schere zu ?
   a) scharf   b) schneiden   c) Papier   d) verwenden   e) bügeln

7. Zucker zu Süßigkeiten wie Weizen zu ?
   a) Roggen   b) backen   c) Brot   d) Mehl   e) waschen

8. Bauarbeiter zu Hammer wie Metzger zu ?
   a) Messer   b) Fleisch   c) Stift   d) Schaufel   e) Bohrmaschine

9. Tasse zu trinken wie Teller zu ?
   a) kochen   b) waschen   c) Geschirr   d) essen   e) schmecken

10. Stuhl zu Tisch wie Waschmaschine zu ?
    a) Haushalt   b) einschalten   c) Wäschetrockner   d) Schrank   e) Elektrogerät

(Lösungen S. 233)

5. Untertest	**Bildentwurf (BE) / Keine Zeitvorgabe**

Aufgaben: Wähle aus jeder Reihe ein Bild aus, das zu den Bildern aus der anderen Reihe/ den anderen Reihen passt.

1

2

3

4

5

6

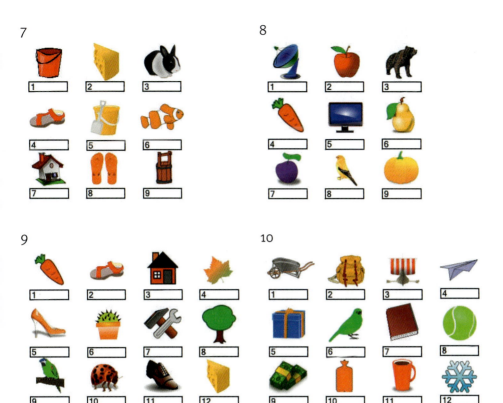

(Lösungen S. 234)

6. Untertest   Wortschatz (WS)

Aufgaben: Erkläre folgende Wörter.

1. Lampe

   a) warm
   b) erzeugt Licht
   c) rund
   d) leuchtet
   e) sie benutzt man wenn es dunkel wird

   f) hat mehrere Lichtfarben
   g) geht schnell kaputt
   h) Leuchte
   i) künstliche Lichtquelle
   j) Leuchtmittel

2. Schiff

   a) befördert etwas
   b) auf dem Wasser
   c) Massentransportmittel
   d) zum Basteln
   e) Verkehrsmittel

   f) Wasserfahrzeug
   g) aus Eisen
   h) Menschen drin
   i) ein Ding zum Schwimmen
   j) es fährt

3. Verbrecher

   a) handelt mit schlechten Absichten
   b) jemand, der eine Straftat begangen hat
   c) einsam
   d) gefährdet Menschen
   e) zwingt sich zu etwas

   f) Krimineller
   g) bewältigt Herausforderungen
   h) wird von der Polizei festgenommen
   i) Gesetzbrecher
   j) verhindert etwas

4. Ausrede

   a) eine Lüge als Rechtfertigung
   b) eine Geschichte
   c) man verschafft sich damit ein Alibi
   d) Menschen denken sie oft aus
   e) man redet viel und gern

   f) nicht zutreffender Grund für eine Entschuldigung
   g) etwas, was man zu seiner Entlastung sagt
   h) eine Entschuldigung
   i) man muss sie manchmal haben
   j) ein Vortrag

5. Erwartung

   a) Formen der Gedanken
   b) man wartet auf etwas
   c) in die Zukunft vorausschauen
   d) Hoffnung
   e) Optimismus
   f) das beeinträchtigt das Leben
   g) etwas passiert in der Zukunft
   h) Zustand
   i) eine Zukunft, die wir vermuten
   j) Glaube an Gott

6. Hochwertig

   a) qualitative Erzeugnisse
   b) überzeugt durch Qualität
   c) kostbar
   d) unauffällig
   e) teuer
   f) nicht für alle zugänglich
   g) erstklassig
   h) schwer zu bekommen
   i) ein Ding, das eine hohe Qualität hat
   j) empfehlenswert

7. Anstrengung

   a) Anstrengung in der Schule
   b) sich für ein Ziel einsetzen
   c) bestimmten Anweisungen folgen
   d) Hausaufgaben erledigen
   e) etwas anstreben
   f) Menschen beschützen
   g) eine Heldentat
   h) Sport treiben
   i) Bemühung
   j) sich etwas zuwenden

8. Korrektur

   a) wird regelmäßig durchgeführt
   b) eine Abänderung
   c) Regeln durchsetzen
   d) Überarbeitung
   e) Wechsel von Jahreszeiten
   f) Anfang von etwas Neuem
   g) nachträgliche Veränderung
   h) etwas wird besser
   i) wird mit dem Stift gemacht
   j) Korrektur einer Klassenarbeit

9. Wunder

   a) außergewöhnlich
   b) erregt großes Staunen
   c) von Menschen geschaffen
   d) etwas Außergewöhnliches
   e) kommt nicht immer vor
   f) Geheimnis
   g) Zauberei
   h) kompliziertes Rätsel
   i) schafft etwas
   j) ein Ereignis, das sich nicht erklären lässt

10. Merkmal

- a) Besonderheit
- b) Autokennzeichen
- c) unterscheidendes Zeichen
- d) spezifische Eigenschaften
- e) Möglichkeit einer Wiedererkennung
- f) Denkzettel
- g) etwas Besonderes, das jemanden von den anderen unterscheidet
- h) Denkmal
- i) man ist anders als die anderen
- j) etwas lässt sich dadurch erkennen

(Lösungen S. 234)

7. Untertest   Matrizen (MZ)

Aufgaben: Welche Figur a bis e passt als einzige in das freie Kästchen mit dem Fragezeichen und ergänzt die anderen logisch?

1

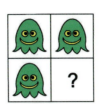

a   b   c   d   e

2

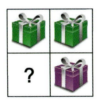

a   b   c   d   e

3

a   b   c   d   e

4

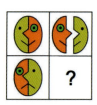

a b c d e

5

a b c d e

6

a b c d e

7

a b c d e

8

9

10

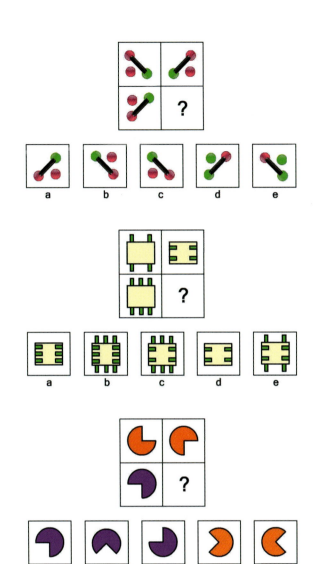

(Lösungen S. 234)

8. Untertest — Allgemeines Verständnis (AV)

Aufgaben: Beantworte die folgenden Fragen.

1. Warum sollte man sich die Hände waschen?

   a.) Es tut gut.
   b.) Nach einem Toilettengang muss man sich immer die Hände waschen.
   c.) Wegen der Hygiene.
   d.) Schmutzige Hände will keiner haben.
   e.) Man muss sowohl äußerlich als auch innerlich sauber sein.
   f.) Aus Anstand und Achtung vor den Mitmenschen.
   g.) Es ist ratsam.
   h.) Wegen Bakterien.
   i.) Händewaschen tötet Bakterien.

2. Wieso sollte man Essen nicht einfach wegwerfen?

   a.) Weil die Biotonne sonst stinkt.
   b.) Weil Essen Geld kostet, was unter Umständen schwer verdient werden muss.
   c.) Weil in der Produktion eine Menge Aufwand, Energie und Arbeitskraft stecken. Je mehr wir wegwerfen, umso mehr muss produziert werden.
   d.) Es schadet dem Geldbeutel.
   e.) Wer das Essen wegwirft, ist für die Umweltverschmutzung verantwortlich.
   f.) Weil das Essen schmeckt.
   g.) Mein Essen ist für die Hungernden unerreichbar. Ob ich das Essen aufesse oder wegwerfe ist daher nicht wichtig.
   h.) Es mangelt nicht an Nahrungsmitteln. Die Erde ist in der Lage, über 10 Milliarden Menschen zu ernähren.
   i.) So lange es so viele Menschen auf der Erde gibt, die verhungern, ist das unmoralisch.

3. Was für Vorteile hat man, wenn man Haustiere hat?

   a.) Es ist schön, sie zu beobachten.
   b.) Sie geben viel Liebe zurück.
   c.) Man hat eine Beschäftigung.
   d.) Man hat jemanden, um den man sich kümmern kann.
   e.) Man kann mit Haustieren spielen.
   f.) Sie strahlen Ruhe aus.
   g.) Man lernt, Verantwortung zu übernehmen.
   h.) Sie sind niedlich.
   i.) Sie brauchen nicht viel Platz.
   j.) Die sind den Menschen treu.

k.) Sie freuen sich, ihren Besitzer zu sehen, unabhängig von seinem Aussehen und seiner Laune.
l.) Sie können alle zum Lachen bringen.

4. Warum ist Schule wichtig?

a.) Ohne Schule ist es ein bisschen langweilig.
b.) Man braucht einen guten Abschluss, um einen vernünftigen Beruf zu lernen. Lesen, Schreiben, Rechnen sind dabei auch hilfreich.
c.) Ich gehe gerne zur Schule.
d.) Bildung begleitet dich ein Leben lang positiv in allen Situationen und macht dich flexibel.
e.) Es ist schön zur Schule zu gehen. Man trifft seine Freunde und tauscht Neuigkeiten miteinander aus.
f.) Schule ist erfunden worden, damit meine Eltern mal Freizeit haben.
g.) Es ist toll, gebildet zu sein.
h.) Man lernt jetzt und wird es auch sein ganzes Leben lang tun. Und ohne das Grundwissen, das man in der Schule erlernt, kann und wird man im Leben nicht weiterkommen.
i.) Schule macht Spaß.
j.) Einerseits braucht man einen möglichst guten Schulabschluss, um später bessere Chancen im Leben zu haben, andererseits ist es ein Bedürfnis des Menschen, gebildet zu sein.
k.) Für mich ist die Schule ein Ort, wo man Menschen kennenlernt.

5. Warum gibt es Armut auf der Welt?

a.) Es ist leider so, dass auf der Welt nicht alle Menschen im gleichen Wohlstand leben können.
b.) Die Menschen denken eben lieber an sich und ihren eigenen Vorteil, als daran, wie sie anderen helfen können.
c.) Menschen finden keine Arbeit.
d.) Arme Menschen sind oft sozial isoliert.
e.) Weil die Menschen nicht arbeiten gehen wollen.
f.) Weil Kinder aus armen Familien oft schlechtere Chancen haben, was die Bildung betrifft.
g.) Es gibt nicht genug Nahrung.
h.) Arme Menschen werden von der Gesellschaft nicht akzeptiert.
i.) Naturkatastrophen können Armut verursachen.
j.) Es fehlen Rohstoffe, um eine Industrie aufzubauen, die Arbeitsplätze schaffen kann.
k.) Menschen führen Kriege. Dadurch entsteht Armut.

6. Warum sind einige Tierarten vom Aussterben bedroht?

    a.) Es liegt unter anderem auch am Klima und an Seuchen.
    b.) Es gibt dafür viele Gründe.
    c.) Tiere bekommen nicht genug Nahrung.
    d.) Klimaveränderung. Dadurch sind z.B. Dinosaurier ausgestorben.
    e.) Menschen zerstören Lebensraum von Tieren.
    f.) Weil es Naturkatastrophen gibt.
    g.) Sie sterben doch nicht einfach aus.
    h.) Es können Menschen sein, die Tiere gezielt jagen.
    i.) Die Tierarten können sich nicht an Veränderungen in der Natur anpassen.
    j.) Es gibt Insekten (Termiten oder Heuschrecken), die großen Schaden anrichten können.
    k.) Menschen sind schuld.

7. Warum ist es wichtig, dass Kinder vereinbarte Regeln einhalten?

    a.) Bei Nichteinhaltung der Regeln folgen Konsequenzen.
    b.) Es ist ein ganz wichtiges Ziel.
    c.) Nur so lernt das Kind, dass im Leben nicht alles so läuft, wie man's gern hätte und dass man auch mal mit Konsequenzen rechnen muss.
    d.) Um die individuellen Bedürfnisse der Kinder in strukturierte Bahnen zu lenken.
    e.) Regeln strukturieren den Alltag.
    f.) Das Beachten und Einhalten der Regeln bedeutet eine Verlässlichkeit, die ein positives Miteinander möglich macht.
    g.) Weil das verbindlich ist.
    h.) Weil Eltern das verlangen.
    i.) Damit Kinder besser in der Schule klarkommen können.
    j.) Das Beachten und Einhalten der Regeln bedeutet für Kinder eine Möglichkeit, mehr Rechte durchzusetzen.

8. Warum braucht ein Mensch Schlaf?

    a.) Die Muskeln werden wieder regeneriert und aufgebaut.
    b.) Um schöne Träume zu sehen.
    c.) Weil er sonst böse wird.
    d.) Weil man ohne Schlaf nicht lange auskommen kann.
    e.) Der Mensch schläft, wenn dem Körper danach ist.
    f.) Weil der Mensch einen Körper hat, der sich regenerieren muss.
    g.) Im Schlaf baut man eine Verbindung zu Gott auf.
    h.) Mittagsschlaf mag ich nicht.
    i.) Weil das Gehirn die ganzen Informationen verarbeiten und unwichtige Dinge „löschen" muss. Das passiert im Schlaf.
    j.) Weil Menschen es so wollen.

9. Was spricht dafür, dass man gut erhaltene gebrauchte Sachen nicht wegwirft?

   a.) Finde ich persönlich super und mache das seit Jahren.
   b.) Das ist gut für die Umwelt und spart die Rohstoffe.
   c.) Das macht irgendwie Sinn.
   d.) Man kann ja die Sachen verkaufen.
   e.) Wieso verschrotten, wenn andere das verwenden können? Besonders die, die sich solche Sachen nicht leisten können.
   f.) Der Weg zum Altkleidercontainer ist kürzer als der Weg zur Mülltonne.
   g.) Gut erhaltene Sachen sollte man den örtlichen Kleiderkammern und Hilfsorganisationen spenden. Die geben sie den Menschen, die sie wirklich brauchen.
   h.) Man hat dabei ein gutes Gewissen.
   i.) Wegen der teuren Arbeitskraft und den knappen Rohstoffen.

10. Nenne eine Einschränkung, die Übergewichtige haben können.

    a.) Hohen Blutdruck und/oder hohen Cholesterinspiegel.
    b.) Grundsätzlich finde ich schlanke Menschen attraktiver.
    c.) Übergewicht ist krankhaft und schädlich für die Gesundheit.
    d.) Dicke Menschen finden oft schwerer Freunde.
    e.) Dicke entsprechen nicht dem heute geltenden Schönheitsideal.
    f.) Manche dicke Menschen achten nicht auf ihre Hygiene. Viele schwitzen dann schon bei geringer Anstrengung, wie Treppensteigen.
    g.) Übergewichtige werden oft auch in der Schule diskriminiert.
    h.) Dicke sind oft nicht so beweglich.
    i.) Übergewichtige Menschen sind in der Schule nicht leistungsfähig genug.

(Lösungen S. 234–236)

9. Untertest   Symbole Finden (SF) / Max. 2 Min. für 320 Items

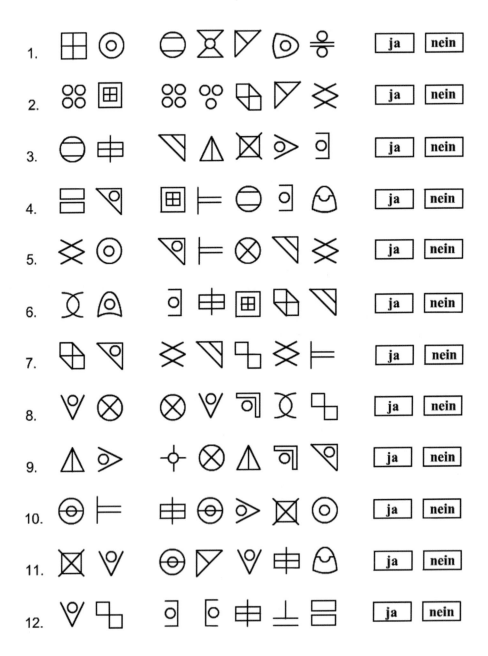

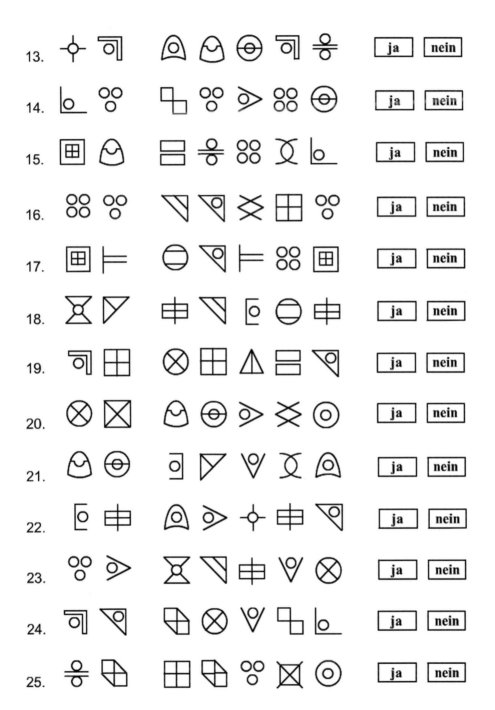

		ja	nein
26.			
27.			
28.			
29.			
30.			
31.			
32.			
33.			
34.			
35.			
36.			
37.			
38.			

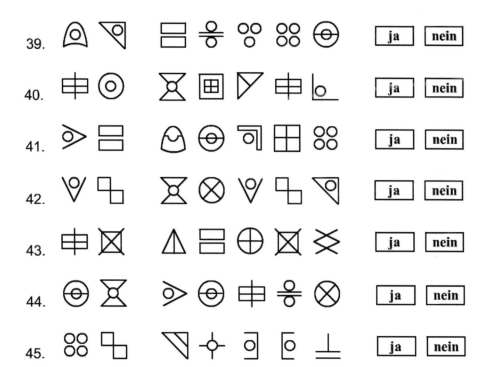

(Lösungen S. 236)

10. Untertest — Tatsache oder Meinung (TM) / Max. 10 Sek. pro Aufgabe

Aufgaben: Ist diese Aussage Tatsache oder Meinung?

1. Ein Stuhl hat immer 4 Beine.

2. Eltern wissen alles besser.

3. Schule macht Spaß.

4. Ein Chamäleon passt seine Farbe der Umgebung an.

5. Alle Schüler sind diszipliniert.

6. Ein Baum hat Wurzeln.

7. Wochenenden sind immer schön.

8. Schäfchenzählen hilft beim Einschlafen.

9. Ohne Wolken gäbe es keinen Regen.

10. Eine Ente kann fliegen.

(Lösungen S. 236)

11. Untertest — Bilder Durchstreichen (BD) / Max. 1 Min. für 320 Items

Aufgabe: Finde möglichst viele Zielbilder (Vögel).

Zielbilder:

12. Untertest — Allgemeinwissen (AW) / Keine Zeitvorgabe

Aufgaben: Beantworte folgende Wissensfragen.

1. Welcher Tag kommt nach Dienstag?
   a) Mittwoch　　b) Freitag　　c) Donnerstag　　d) Samstag

2. Wie viele Flügel haben Schmetterlinge?
   a) 2　　b) 4　　c) 8　　d) 1

3. Nenne ein deutsches Meer
   a) Oberer See　　b) Ostsee　　c) Baikalsee　　d) Schwarzes Meer

4. Was ist kein Gemüse?
   a) Brokkoli　　b) Zwiebel　　c) Pflaume　　d) Radieschen

5. Wie heißt die Hauptstadt von Deutschland?
   a) München　　b) Berlin　　c) Bonn　　d) Frankfurt

6. Wo geht die Sonne auf?
   a) Westen　　b) Süden　　c) Norden　　d) Osten

7. Welches Lebensmittel wird aus Milch gemacht?
   a) Salat　　b) Pommes　　c) Quark　　d) Nudeln

8. Was macht die Zunge?
   a) Essen verdauen　　b) riechen　　c) schmecken und tasten　　d) hören

9. Was muss man machen, um Eiswürfeln zu bekommen?
   a) Wasser einfrieren　　b) Schnee auftauen　　c) Wasser in eine Form gießen　　d) Wasser kochen

10. Wann gibt es ein Schaltjahr?
    a) alle 5 Jahre　　b) alle 4 Jahre　　c) alle 2 Jahre　　d) alle 10 Jahre

(Lösungen S. 237)

13. Untertest Figurenreihen (FR) / Keine Zeitvorgabe

Aufgaben: Welche Figur ergänzt die Reihe logisch?

1

a b c d e

2

a b c d e

3

a b c d e

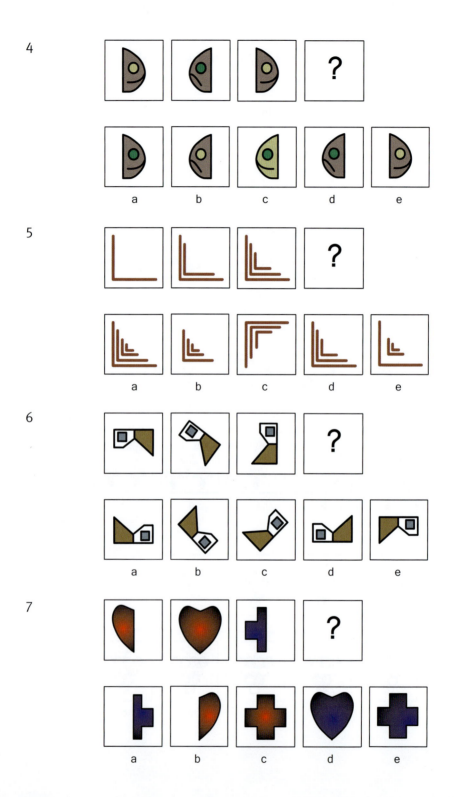

8

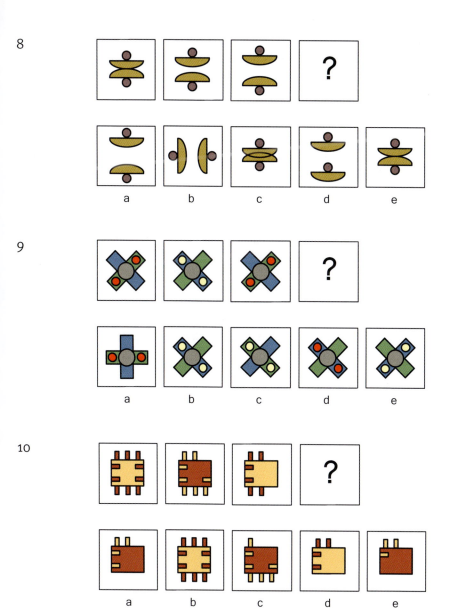

(Lösungen S. 237)

14. Untertest — Wörter erkennen (WE) / Keine Zeitvorgabe

Aufgaben: Was ist das? Finde die Begriffe heraus.

1. Es ist ein Haustier, das „Miau" macht.
2. Es ist etwas, das man an seinen Füßen anziehen kann.
3. Es ist etwas, das man benutzt, um sich die Zähne zu putzen.
4. Es hat sieben Farben und entsteht oft nach einem Regen.
5. Es ist ein Teil des Kopfes und man benutzt es zum Sehen.
6. Man benutzt es für die Fortbewegung. Es hat zwei Räder und ein Lenkrad.
7. Es ist ein Mensch, der etwas Schlimmes macht, und das ist gesetzlich verboten.
8. Es sind Früchte, die auf Bäumen mit nadelförmigen Blättern wachsen. Solche Bäume holt man sich zu Weihnachten ins Haus.
9. Es ist ein kreativer Mensch, und er drückt sich durch Kunst aus.
10. Es kommt unerwartet, und man kann daran sterben.

(Lösungen S. 237)

15. Untertest — Zahlen und Symbole (ZS) / Max. 2 Min. für 126 Items

Aufgabe: Fülle die Kästchen mit Symbolen aus.

Schlüssel:

1	2	3	4	5	6	7	8	9
/	C	⌐	⊢	∧	‖	–	O	S

| 1 | 3 | 6 | 2 | 5 | 1 | 6 | 1 | 2 | 4 | 6 | 4 | 1 | 2 | 5 | 1 | 2 | 3 | 2 | 6 | 1 |

| 7 | 4 | 3 | 3 | 2 | 5 | 4 | 1 | 6 | 2 | 5 | 3 | 5 | 7 | 4 | 2 | 3 | 6 | 1 | 7 | 5 |

| 3 | 2 | 1 | 5 | 7 | 8 | 3 | 2 | 4 | 5 | 2 | 2 | 8 | 7 | 4 | 6 | 2 | 3 | 2 | 4 | 6 |

| 4 | 3 | 5 | 7 | 5 | 2 | 4 | 1 | 7 | 3 | 2 | 1 | 3 | 7 | 6 | 4 | 9 | 2 | 1 | 3 | 5 |

| 3 | 7 | 1 | 9 | 5 | 8 | 6 | 8 | 5 | 1 | 4 | 3 | 4 | 6 | 5 | 2 | 1 | 4 | 2 | 7 | 2 |

| 6 | 8 | 5 | 2 | 7 | 3 | 8 | 9 | 1 | 8 | 5 | 4 | 2 | 3 | 9 | 4 | 6 | 5 | 1 | 9 | 7 |

(Lösungen S. 238)

16. Untertest   **Wörter gruppieren (WG) / Max. 20 Sek. für 56 Items**

Aufgabe: Finde möglichst viele Zielwörter.

1. Finde alle Tiere.

Eule	Fuchs	Verpackung	Tasse
Feuer	Flüssigkeit	Raupe	Donner
Heft	Käfig	Hose	Himmel
Hemd	Heizung	Gabel	Ente
Brunnen	Wasser	Zeitung	Wiese
Auto	Reh	Note	Flasche
Vorsicht	Münze	Vorfahrt	Pizza
Gardine	Brot	Hund	Kreis
Tulpe	Uhr	Schrank	Ball
Hase	Decke	Dose	Wand
Nachricht	Boot	Stift	Tuch
Milch	Maus	Honig	Weg
Mond	Schuh	Tüte	Schmetterling
Taschenlampe	Wurst	Pferd	Haus

(Lösungen S. 239)

Test für die Altersgruppe 9 bis 10 Jahre

Sprachverständnis	Verarbeitungskapazität
▪ Wortschatz (WS) ▪ Allgemeines Verständnis (AV) ▪ Wörter erkennen (WE) ▪ Allgemeinwissen (AW)	▪ Eingekleidete Rechenaufgaben (ER) ▪ Wortanalogien (WA) ▪ Tatsache oder Meinung (TM) ▪ Gemeinsamkeiten (GM)
Logisches Denken	**Bearbeitungsgeschwindigkeit**
▪ Bildentwurf (BE) ▪ Matrizen (MZ) ▪ Logisches Ergänzen (LE) ▪ Figurenreihen (FR)	▪ Symbole finden (SF) ▪ Bilder durchstreichen (BD) ▪ Wörter gruppieren (WG) ▪ Zahlen und Symbole (ZS)

| 1. Untertest | **Logisches Ergänzen (LE) / Max. 20 Sek. pro Aufgabe** |

Aufgaben: Was fehlt hier? Erkenne das fehlende Detail im Bild.

7

8

9

10

(Lösungen S. 241)

2. Untertest — Gemeinsamkeiten (GM) / Keine Zeitvorgabe

Aufgaben: Was haben diese beiden Begriffe gemeinsam?

1. Kuh – Ziege

a) Tiere
b) aus Fleisch
c) fressen Gras
d) haben vier Beine
e) Nutztiere

f) Huftiere
g) leben auf einem Bauernhof
h) geben Milch und Fleisch
i) fressen
j) laufen

2. Schere – Messer

a) etwas zum Kaputtmachen
b) Werkzeuge
c) sind in jedem Haushalt vorhanden
d) mit den beiden sollte man vorsichtig umgehen
e) beide Dinge bestehen aus 6 Buchstaben

f) zum Abmachen
g) zum Zerkleinern
h) haben Griffe
i) scharfe Gegenstände
j) zum Schneiden werden Klingen bewegt

3. Weizen – Gerste

a) haben den gleichen Geschmack
b) Nahrungsmittel
c) essbar
d) man backt Brot daraus
e) wachsen im Wald

f) wachsen auf dem Feld
g) rund
h) Pflanzen
i) klein
j) Getreide

4. Gabel – Löffel

a) werden zum Essen verwendet
b) sind aus Metall
c) Dinge, die man verwendet
d) beide sind scharf
e) Besteck

f) auf dem Esstisch
g) lösen sich
h) Löffel – Suppe, Gabel – Salat
i) Geschirr
j) jedes Restaurant hat sie

5. Rose – Tulpe

a) schenken Freude
b) Pflanzen
c) haben Dornen
d) Blumen
e) tragen Früchte

f) Lebewesen
g) Bäume
h) wachsen unter der Erde
i) riechen gut
j) brauchen viel Sonnenschein

6. Maurer – Bäcker

a) Bauarbeiter
b) Ein Maurer ist auf der Baustelle, ein Bäcker ist in der Bäckerei
c) beide machen das gleiche
d) Brot schmeckt gut
e) verdienen Geld mit körperlicher Arbeit
f) Berufe
g) stellen Dinge her
h) Handwerker
i) Hobbys
j) beide arbeiten körperlich

7. Kuchen – Brot

a) Backware
b) sind unter anderem aus Mehl und Wasser
c) werden gebacken
d) wachsen auf der Erde
e) riechen gut
f) essbar
g) auf dem Esstisch
h) Nahrungsmittel aus einem Teig
i) schmecken gut
j) Grundnahrungsmittel

8. Wespe – Fliege

a) Tiere
b) haben Flügel
c) Insekten
d) machen Geräusche
e) lebendig
f) fliegen
g) aus Fleisch
h) klein
i) Flugtiere
j) bewegen sich

9. Sandalen – Stiefel

a) findet man im Schrank
b) Kleidung
c) von Menschenhand geschaffen
d) für Cowboys
e) Substanzen
f) beide trägt man im Sommer
g) sind nur aus Leder
h) schützen die Füße
i) Schuhe
j) beide gibt es für den rechten und für den linken Fuß

10. Joghurt – Käse

a) enthalten Proteine
b) schmecken gut
c) Milchprodukte
d) tierische Nahrungsmittel
e) auf dem Esstisch
f) Naturprodukte von Tieren
g) kann man im Supermarkt kaufen
h) sind im Kühlschrank aufzubewahren
i) weich
j) Nahrungsmittel

(Lösungen S. 241)

| 3. Untertest | **Eingekleidete Rechenaufgaben (ER) / Max. 30 Sek. pro Aufgabe** |

Aufgaben: Löse die folgenden Rechenaufgaben.

1. In der Schule wurde Obst zwischen 4 Kindern verteilt. Jedes Kind bekommt die gleiche Anzahl von Äpfeln, Birnen und Kiwis. Wie viel Stück von jeder Sorte bekommt ein Kind? Wie viel Stück von jeder Obstsorte bleiben dann übrig?

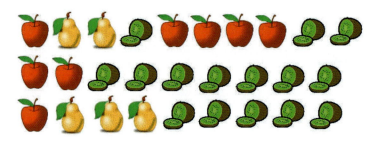

2. Ein Verkäufer verdient an einem Tag 62 Euro. Wie viel verdient er in einem halben Tag?

3. Im Zoo leben 18 Pinguine. Die Hälfte davon ist im Wasser. 3 Pinguine verlassen gerade das Becken, 5 weitere kommen aber noch dazu. Wie viele Pinguine befinden sich im Becken?

4. 30 kg Zucker werden in 6 kg Säcke gefüllt. Wie viele Säcke können gefüllt werden?

5. Der Vater von Luise ist 42 Jahre alt. Luise ist um 26 Jahre jünger. Wie alt ist Luise?

6. 96 Schüler müssen sich auf 3 Klassenräume verteilen. Wie viele Schüler sind in jedem Klassenraum?

7. Ein Lebensmittelgeschäft hat folgende Öffnungszeiten: Mo-Fr von 8:00 bis 22:00. Wie viele Stunden am Tag hat das Lebensmittelgeschäft geöffnet?

8. In einem Buchladen befinden sich 24 Kunden, 8 davon sind Männer. Wie viele Frauen gibt es im Buchladen?

9. Paul hat 4 Becher Vanillepudding und genauso viele Becher Schokopudding gekauft. Zwei Becher hat er aufgegessen. Wie viele Becher sind noch übriggeblieben?

10. Von welcher Zahl muss man 6 subtrahieren um 25 zu erhalten?

(Lösungen S. 241)

4. Untertest — Wortanalogien (WA) / Max. 20 Sek. pro Aufgabe

Aufgaben: Welche Beziehung besteht zwischen diesen zwei Objekten?

1. Honig zu süß wie Zitrone zu ?

a) gelb b) Obst c) sauer d) essbar e) klein

2. Vater zu Sohn wie Mutter zu ?

a) Tochter b) Urgroßmutter c) Vater d) Mutter e) Großmutter

3. Wohnung zu Zimmer wie Wort zu ?

a) Satz b) sprechen c) Gesang d) Buchstabe e) Roman

4. Zeitung zu Papier wie Käse zu ?

a) Protein b) Nahrungsmittel c) Milch d) Kuh e) schmeckt

5. Fuß zu Bein wie Hand zu ?

a) Kopf b) Finger c) Bewegung d) Arm e) Körper

6. Messer zu Schnitt wie Bohrer zu ?

a) Loch b) Werkzeug c) Wand d) Handwerker e) Elektrizität

7. Schlange zu Gift wie Biene zu ?

a) Wiese b) klein c) nützlich d) Honig e) Wabe

8. Drei zu neun wie vier zu ?

a) acht b) elf c) sechs d) sechzehn e) vierundzwanzig

9. Buch zu lesen wie Fahrrad zu ?

a) schnell b) Räder c) Fahrzeug d) fahren e) bremsen

10. Nase zu riechen wie Augen zu ?

a) tasten b) sehen c) schließen d) am Kopf e) schön

(Lösungen S. 241)

5. Untertest Bildentwurf (BE) / Keine Zeitvorgabe

Aufgaben: Wähle aus jeder Reihe ein Bild aus, das zu den Bildern aus der anderen Reihe/ aus den anderen Reihen passt.

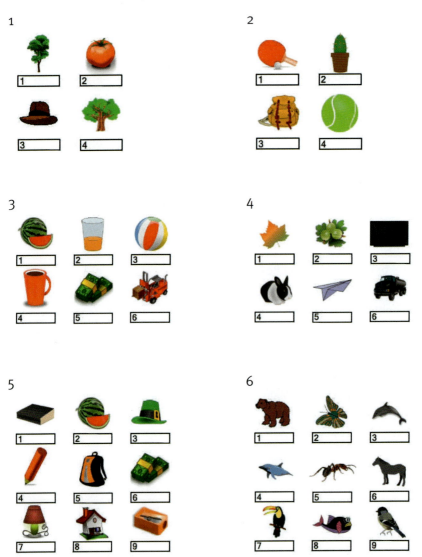

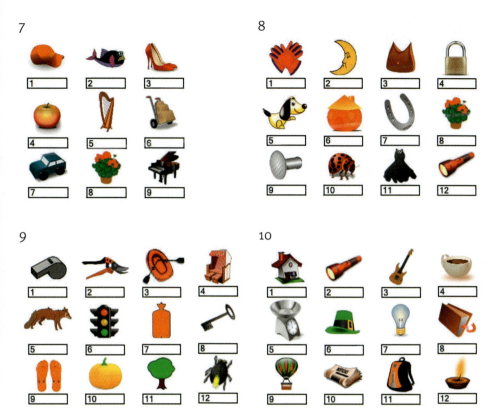

(Lösungen S. 242)

6. Untertest   Wortschatz (WS) / Keine Zeitvorgabe

Aufgaben: Erkläre folgende Wörter.

1. Rückkehr

   a) Haus oder Raum betreten
   b) wieder da sein
   c) etwas finden
   d) zu alten Gewohnheiten zurückkehren
   e) aus einem Urlaub zurückkehren
   f) bleiben
   g) zur Schule kommen
   h) jemanden zur Rückkehr bewegen
   i) Heimkehr
   j) Zurückkommen nach längerer Abwesenheit

2. redselig

   a) redet schnell
   b) redet gern und viel
   c) man hält eine Rede
   d) kommt gut an
   e) macht müde
   f) kaum zu verstehen
   g) unnötiges Plappern
   h) langweilt mit dem Gerede
   i) pausenlos reden
   j) geschwätzig

3. Überlegenheit

   a) jemand oder etwas ist sehr gut
   b) Kampfgeist
   c) geistige oder körperliche Überlegenheit
   d) Wettbewerb
   e) jemand ist deutlich besser als der andere
   f) hat mit Autorität zu tun
   g) Macht, Kontrolle
   h) geistiger Zustand
   i) ein Lehrer ist einem Schüler überlegen
   j) Charme

4. Konflikt

   a) jemanden zu etwas zwingen
   b) schwierige Situation
   c) Mannschaft
   d) Auseinandersetzung zwischen Gegnern
   e) Spannung zwischen Menschen
   f) dauernde Diskussionen
   g) Ärgernis
   h) jeder will seinen Willen durchsetzen
   i) es wird viel diskutiert
   j) entsteht durch einen Kampf

5. Auktion

   a) Auswahl des besten Gegenstandes
   b) Versteigerung
   c) um Preis wird gefeilscht
   d) es wird diskutiert
   e) versteigern und ersteigern
   f) derjenige, der den höchsten Preis zahlt, bekommt die Ware
   g) es geht wie an der Börse zu
   h) Dinge werden verkauft
   i) Jahrmarkt
   j) Preis wird erhöht

6. zwingend

   a) zwingend erforderlich
   b) Regel, die niedergeschrieben ist
   c) man sollte etwas Bestimmtes erledigen
   d) verbindlich
   e) durch ein Gesetz vorgeschrieben
   f) ein Muss
   g) wahlweise
   h) nicht beständig
   i) etwas auszubessern
   j) man ist verpflichtet, etwas Bestimmtes zu tun

7. Anweisung

   a) Anordnung, Befehl
   b) andere organisieren
   c) Handbuch
   d) ein schriftlicher Kommentar
   e) Geldsendung
   f) Gebrauchsanweisung
   g) Befehl zur Steuerung eines Computers
   h) schriftliche Nachricht
   i) Auftrag für eine bestimmte Handlung
   j) Formular

8. aufsaugen

   a) etwas wegmachen
   b) Trinkhalm benutzen
   c) hineinsaugen
   d) saugend in sich aufnehmen
   e) mit dem Staubsauger arbeiten
   f) etwas einsammeln
   g) mit Fleiß arbeiten
   h) Nässe abtrocknen
   i) etwas trocken- bzw. saubermachen
   j) etwas reparieren

9. Verteidigung

   a) Kampfergebnis
   b) gibt es im Sport
   c) sich oder jemanden vor Bedrohungen schützen
   d) man vertritt seine Meinung
   e) Angriff
   f) in Abwehr gegen
   g) Abwehr
   h) wenn irgendetwas geklärt werden muss
   i) auf sich aufpassen
   j) Widerstand leisten

10. Pleite

   a) man kann seine Rechnungen nicht mehr begleichen
   b) schlimm
   c) es nimmt einen ziemlich mit
   d) zahlungsunfähig
   e) eine Katastrophe
   f) man ist in etwas Unangenehmes hineingeraten
   g) Zahlungsunfähigkeit
   h) ein Zustand
   i) Bankrott
   j) kann geschehen

(Lösungen S. 242)

7. Untertest   Matrizen (MZ) / Keine Zeitvorgabe

Aufgaben: Welche Figur a bis e passt als einzige in das freie Kästchen mit dem Fragezeichen und ergänzt die anderen logisch?

1

a	b	c	d	e

2

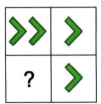

a	b	c	d	e

3

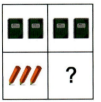

a	b	c	d	e

4

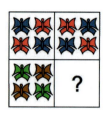

a b c d e

5

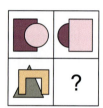

a b c d e

6

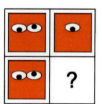

a b c d e

7

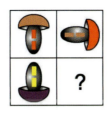

a　　　b　　　c　　　d　　　e

8

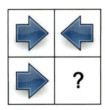

a　　　b　　　c　　　d　　　e

9

a　　　b　　　c　　　d　　　e

10

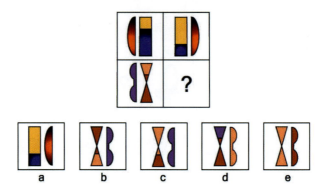

(Lösungen S. 242)

8. Untertest Allgemeines Verständnis (AV) / Keine Zeitvorgabe

Aufgaben: Beantworte die folgenden Fragen.

1. Warum tut es gut, Freunde zu haben?

    a.) Man hat mit Freunden keine Langweile.
    b.) Man kann ihnen alles erzählen und um Rat fragen.
    c.) Man ist nicht alleine.
    d.) Sie bereichern das Leben.
    e.) Man kann zusammen mit Freunden zum Spielplatz gehen.
    f.) Man kann ihnen vertrauen.
    g.) Freunde sind immer da, wenn man sie braucht.
    h.) Es ist ein schönes Gefühl, jemanden zu haben, der zu einem steht.
    i.) Man bekommt Hilfe.
    j.) Man kann sich gegenseitig besuchen.
    k.) Man kann zusammen mit Freunden Erfahrungen sammeln.

2. Warum hat der Mensch Hunger und Durst?

    a.) Um die Zellen am Leben zu erhalten.
    b.) Nahrungsaufnahme lindert Schmerzen.
    c.) Ohne Nahrungsaufnahme gibt es keinen Stoffwechsel sowie keine Energie.
    d.) Sonst würden die Lebensmittelläden Pleite gehen.
    e.) Es ist schön, zusammen mit Freunden zu essen.
    f.) Um Energie zu gewinnen.
    g.) Hunger und Durst sind einfach da, und jedes Lebewesen versucht, sie zu stillen.
    h.) Das Leben ist kein Ponyhof.
    i.) Jedes Lebewesen braucht Nahrung.
    j.) Der Mensch braucht Energie, um zu leben. Die wird in Form von Essen und Trinken zugeführt.
    k.) Wenn der Mensch den Willen zum Leben hat, hat er Hunger und Durst.
    l.) Man soll vor allem viel trinken.

3. Warum gibt es Verkehrszeichen?

    a.) Ein Verstoß gegen ein Verkehrszeichen ist eine Ordnungswidrigkeit.
    b.) Am Straßenrand zeigen sie Informationen an.
    c.) Damit die Straße schöner wird.
    d.) Um Verkehrsregeln deutlich zu machen, etwa bezüglich Vorfahrt oder Höchstgeschwindigkeit.
    e.) Um die Autofahrer abzulenken.
    f.) Es gibt Gefahrenzeichen, Richtzeichen und Vorschriftzeichen.

g.) Um die Aufmerksamkeit des Fahrers auf bestimmte Verkehrsverhältnisse, wie Baustellen oder Eisglätte zu lenken.
h.) Sie zeigen, wo es eine Raststätte oder ein McDonalds gibt.
i.) Sie fordern den Fahrer beispielsweise zum vollständigen Anhalten oder zur Achtung der Vorfahrt anderer Fahrzeuge auf.
j.) Damit der Autofahrer schneller nach Hause kommt.
k.) Für Ordnung und Sicherheit auf den Straßen.

4. Ist die Mülltrennung wichtig (Begründung)?

a.) Das ist gut für die Umwelt.
b.) Das spart CO_2 (Kohlendioxid), Energie und Geld.
c.) Es ist schon wichtig, Papier, Glas, Blech auszusortieren und gewisse Kunststoffe auch, da die wiederverwertet werden können.
d.) In der Realität gibt es keine Mülltrennung.
e.) Mülltrennung ist wichtig, weil viele Produkte aus dem neu hergestellt werden können, was man wegwirft.
f.) Man hat ein gutes Gewissen dabei.
g.) Eine Maschine trennt ja den Müll nochmal, also wieso sollte ich den Müll dann trennen, wenn es eine Maschine doch sowieso macht?
h.) Vieles, was man wegwirft, hat man irgendwann wieder in anderer Form in der Hand. Darum ist Mülltrennung wichtig.
i.) Wenn ich den Müll nicht trenne, werden sich meine Eltern ärgern.
j.) Sie ist nicht wichtig, da der Müll sowieso verbrannt wird.
k.) Mülltrennung ist auch wichtig, damit die Maschinen, die jetzt noch den Trennungsprozess unterstützen, später nicht mehr in dem Maße notwendig sind.

5. Warum sind Bücher wichtig für's Leben?

a.) Durch das Lesen wird man besser in der Rechtschreibung und Grammatik, weil man sich unbewusst damit befasst.
b.) Ja, wenn man Lust und Geduld hat.
c.) Es gibt Bücher, die schlauer machen.
d.) Man verbessert seinen Wortschatz und die Rechtschreibung.
e.) Das Lesen fördert die Phantasie/Kreativität, indem man sich während des Lesens den gelesenen Inhalt bildlich vorstellt.
f.) Durch das Lesen kann man Gedanken besser formulieren.
g.) Wenn man liest, kann man sich komplexer ausdrücken.
h.) Es hängt davon ab, was man liest.
i.) Wenn man zu Hause eine Bibliothek hat, kann man damit bei Freunden punkten.
j.) Man kann ja einen Film schauen, anstatt ein Buch zu lesen.
k.) In Büchern stehen oft Dinge, die man ohne Lesen vielleicht nicht so gelernt hätte. Und wenn man oft Bücher liest, kann man selber auch bessere Texte schreiben.

6. Warum sind viele Menschen unglücklich, obwohl sie Geld haben?

   a.) Man kann glücklich sein, wenn man sich selbst alles ermöglicht hat.
   b.) Das Glücklichsein hat mit den materiellen Verhältnissen kaum etwas zu tun.
   c.) Weil sie nicht wissen, bei welcher Bank ihr Geld sicher ist.
   d.) Nicht das Geld macht den Menschen kaputt, sondern der Mensch macht sich selbst kaputt.
   e.) Geld kann man verlieren – nichts ist sicher.
   f.) Mit Geld kann man sich nicht alles kaufen. Man braucht meist nicht die neueste Markenjeans, sondern Liebe.
   g.) Weil sie viel Geld ausgeben.
   h.) Gerade wenn man alles hat, ist man doch unglücklich. Man freut sich nicht mehr über kleine Dinge, über die sich jemand, der kaum etwas hat, freut.
   i.) Menschen mit Geld haben wenig Freunde.
   j.) Menschen, die arbeitslos sind und wenig Geld haben, von einer schweren Krankheit betroffen sind oder bei denen eine nahestehende Person verstorben ist – diese Menschen können sagen, dass sie unglücklich sind!
   k.) Manche schätzen nicht, das was sie haben – sie würden es erst merken, wenn sie es verlieren.

7. Sind Haie gefährlicher als Delfine?

   a.) Beide sind nicht besonders gefährlich.
   b.) Der Hai ist nicht so intelligent wie der Delfin. Und der Delfin ist schneller als der Hai.
   c.) Delfine greifen keine Menschen an. Delfine sind friedlich. Ein Hai ist nur dann gefährlich, wenn er sich bedroht fühlt.
   d.) Keines dieser beiden Tiere ist Menschen gegenüber aggressiv, gefährlich oder angriffslustig.
   e.) Haie sind gefährlicher als Delfine.
   f.) Haiangriffe hat es schon oft gegeben, von Delfinangriffen hat man noch nie gehört.
   g.) Delfine sind nicht angriffslustig oder aggressiv.
   h.) Der Delfin, im Gegensatz zum Hai, sieht in uns kein Beutetier und würde uns deshalb nicht angreifen.

8. Warum soll man in Not geratenen Menschen helfen?

   a.) Viele haben Angst, dass ihnen selbst etwas passiert, deswegen helfen sie nicht.
   b.) Wir müssen das laut Gesetz. Wer nicht hilft, kann ins Gefängnis kommen.
   c.) Ich helfe immer wenn ich sehe, dass jemand Hilfe braucht.
   d.) Weil man sonst kein ruhiges Gewissen hat.
   e.) Man soll zumindest einen Notruf absetzen.
   f.) Wenn diese Person mir unbekannt ist, helfe ich nicht.
   g.) Es hängt davon ab, ob ich Zeit habe.
   h.) Es ist eine moralische Verpflichtung.

    i.) Ich helfe, wenn ich mich selber nicht in Gefahr bringe.
    j.) Da mir keiner in meiner Situation geholfen hat, helfe ich auch niemandem.

9. Warum ist ein sparsamer Umgang mit Energie notwendig?

    a.) Indem man Energie spart, beteiligt man sich am Umweltschutz.
    b.) Damit unsere Nachkommen nicht im Dunkeln erfrieren.
    c.) Weil Energie irgendwann mal ausgehen wird.
    d.) Weil alle Lebewesen Energie brauchen.
    e.) Weil die Glühbirne etwas kostet.
    f.) Weil Energie teuer ist.
    g.) Ich bin sehr sparsam, denn das Leben ist schon teuer genug.
    h.) Die Erde kommt nicht mit dem Kreislauf schnell genug nach, wenn wir unnötig Energie verschwenden.
    i.) Weil meine Eltern es tun.
    j.) Weil ich gerade kein Licht brauche.
    k.) Weil die Ressourcen zur Energieerzeugung begrenzt sind.

10. Was bedeutet Hygiene?

    a.) Die Wohnung bzw. das Kinderzimmer regelmäßig zu reinigen.
    b.) Den Anweisungen von Eltern zu folgen.
    c.) Sich die Zähne zu putzen.
    d.) Wenig fernzusehen.
    e.) Obst und Gemüse vor dem Essen zu waschen.
    f.) Müll zu trennen und regelmäßig zu entsorgen.
    g.) Überall tummeln sich Keime, und man kann sich anstecken.
    h.) Das Fahrrad anstatt das Auto zu benutzen.
    i.) Vor dem Essen und nach einem Toilettengang die Hände zu waschen.
    j.) Sich gesund zu ernähren und Sport zu treiben.
    k.) In der Schule fleißig zu sein.

(Lösungen S. 242–244)

9. Untertest — Symbole Finden (SF) / Max. 2 Min. für 45 Items

Aufgaben: Vergleiche zwei Zielsymbole und die Suchgruppe, die aus 5 Symbolen besteht, und gebe an, ob sich eines der beiden Zielsymbole in der Suchgruppe befindet.

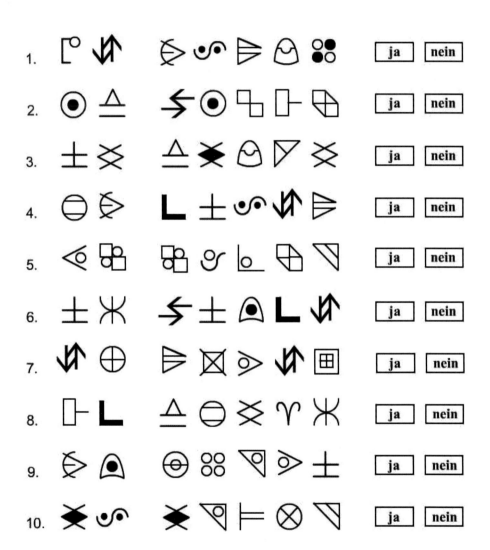

11. 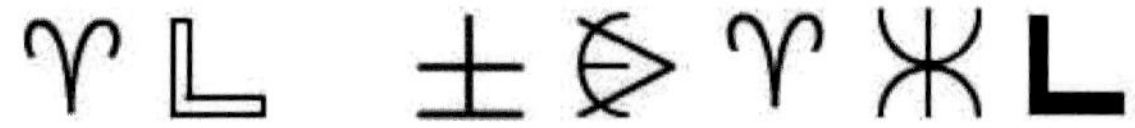 ja nein

12.  ja nein

13. 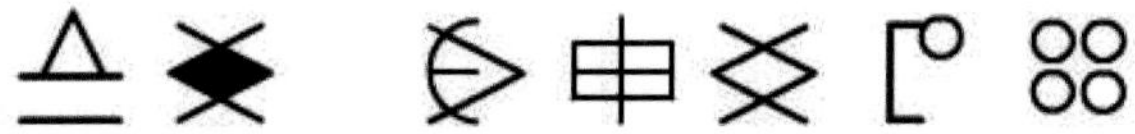 ja nein

14. 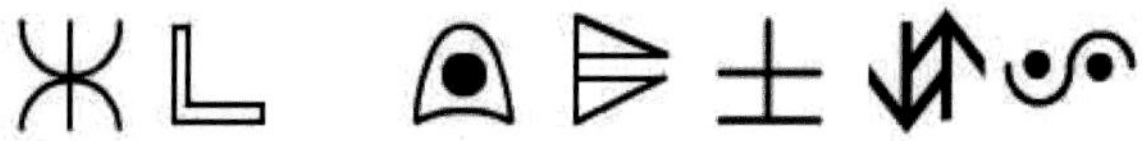 ja nein

15.  ja nein

16. 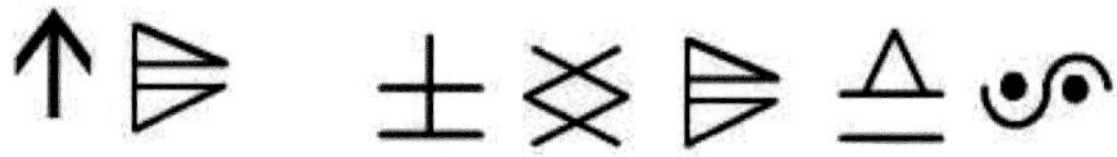 ja nein

17. 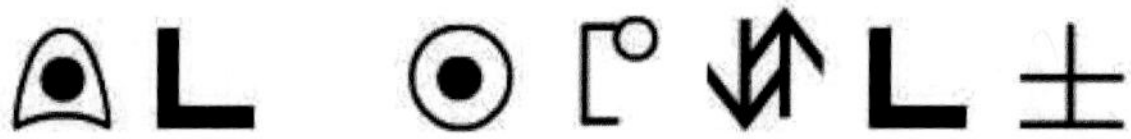 ja nein

18. 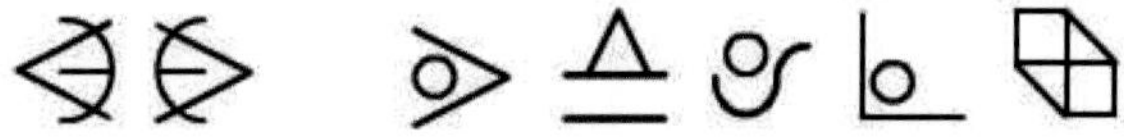 ja nein

19. 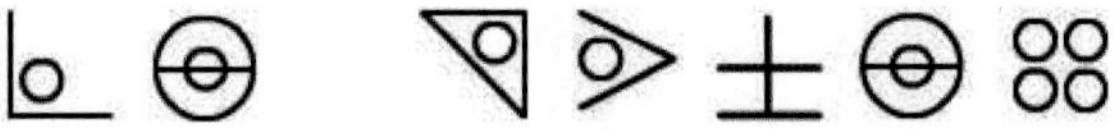 ja nein

20. 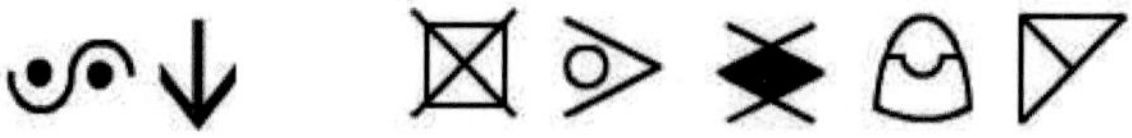 ja nein

21. 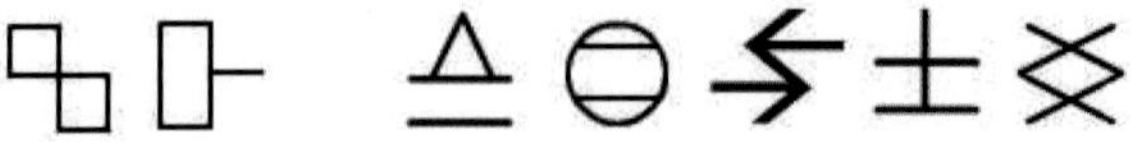 ja nein

22. 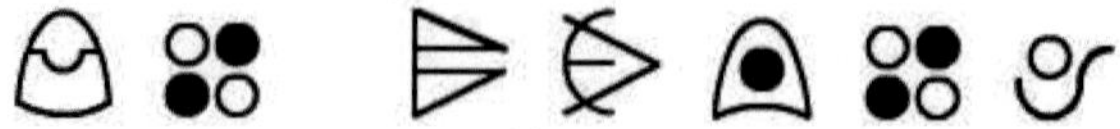 ja nein

23.			ja nein
24.			ja nein
25.			ja nein
26.			ja nein
27.			ja nein
28.			ja nein
29.			ja nein
30.			ja nein
31.			ja nein
32.			ja nein
33.			ja nein
34.			ja nein

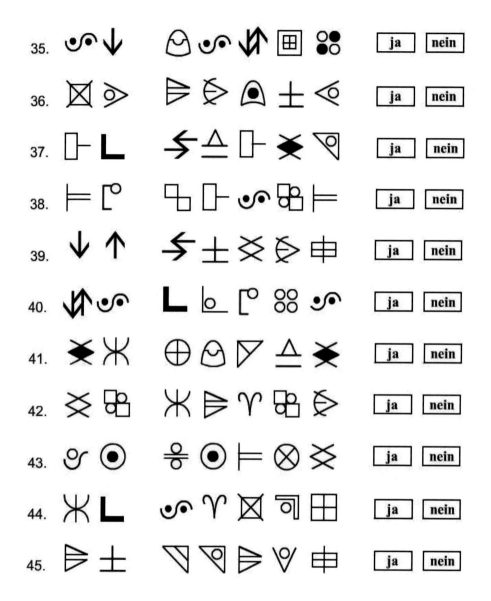

(Lösungen S. 244)

10. Untertest — Tatsache oder Meinung (TM) / Max. 10 Sek. pro Aufgabe

Aufgaben: Ist diese Aussage Tatsache oder Meinung?

1. Zuhause kann man sich auf die Hausaufgaben nicht so gut konzentrieren.
2. Obst und Gemüse bilden die Grundlage für eine gesunde Ernährung.
3. Mädchen sind schlauer als Jungen.
4. Katzen haben sieben Leben.
5. Im Tanz drücken Menschen Lebensfreude, Kraft und Gefühle aus.
6. Der Mensch lernt aus seinen Fehlern.
7. Um wach zu bleiben muss man Cola trinken.
8. Deutschland ist eine multikulturelle Gesellschaft.
9. Ein Baum ist ein Lebewesen.
10. Jeder Mensch ist einzigartig.

(Lösungen S. 244)

11. Untertest — Bilder Durchstreichen (BD) / Max. 1 Min. für 320 Items

Zielbilder:

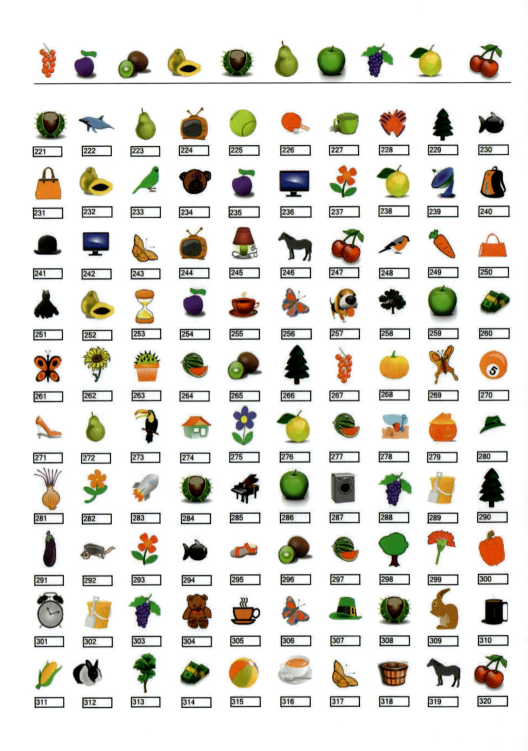

(Lösungen S. 245)

12. Untertest — Allgemeinwissen (AW) / Keine Zeitvorgabe

Aufgaben: Beantworte folgende Wissensfragen.

1. Welche Jahreszeit kommt nach dem Frühling?

   a) Winter   b) Herbst   c) Sommer   d) Juni

2. Aus welchem Kraut im Garten kann man Tee kochen?

   a) Pfefferminze   b) Koriander   c) Dill   d) Estragon

3. Was macht einen Piranha so gefährlich?

   a) frisst Menschen b) giftige Haut   c) scharfe Zähne   d) großer Schwanz

4. Bei welcher Temperatur wird Wasser zu Eis?

   a) unter -1° Celsius   b) unter 0° Kelvin   c) unter 0° Celsius   d) unter -10° Celsius

5. Wie nennt man einen Fußabdruck?

   a) Abbild des Buddha   b) Fußspur   c) Fossil   d) Gemälde

6. Was tut das Herz?

   a) pumpt das Blut und schlägt   b) für den Gasaustausch   c) ist für die Verdauung zuständig   d) Wahrnehmung von Lichtreizen

7. Wer war Albert Einstein?

   a) Dichter   b) Chemiker   c) Mathematiker   d) Physiker

8. Wie nennt man eine verkleinerte Form der Erdkugel?

   a) Globus   b) Korpus   c) Kubus   d) Ellipse

9. Woran erkennt man das Alter eines Baumes?

   a) Höhe   b) Blätter   c) Jahresringe   d) Rinde

10. Welches dieser Länder liegt nicht in Europa?

    a) Frankreich   b) Brasilien   c) Italien   d) Polen

(Lösungen S. 245)

13. Untertest Figurenreihen (FR) / Keine Zeitvorgabe

Aufgaben: Welche Figur ergänzt die Reihe logisch?

1

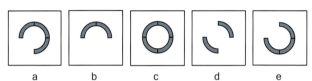

2

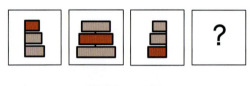

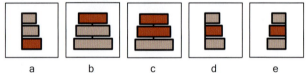

3

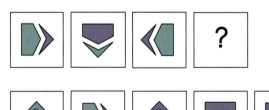

4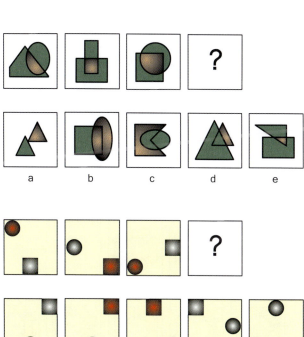

5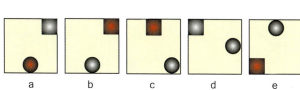

6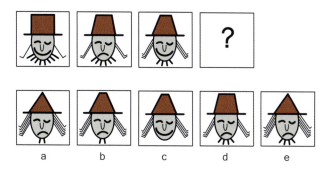

7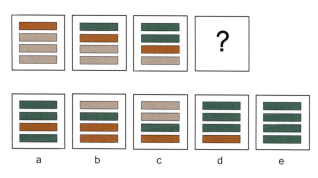

8

9

10

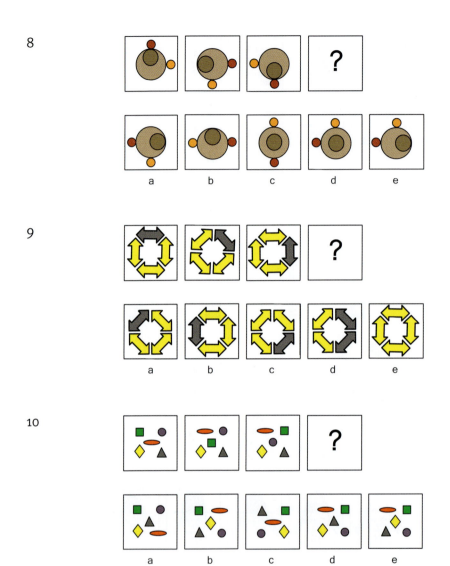

(Lösungen S. 245)

14. Untertest — Wörter erkennen (WE) / Keine Zeitvorgabe

Aufgaben: Was ist das? Finde die Begriffe heraus.

1. Es befindet sich im Haus, man kann es anmachen und es wird warm.
2. Man benutzt es, um die Körpertemperatur zu messen.
3. Es ist ein Teil des Kopfes und man benutzt es zum Hören.
4. Man braucht es zum Leben, und ca. 71 % der Erde wird davon bedeckt.
5. Man benutzt es, um sich zurechtzufinden und es gibt Informationen an.
6. Das ist ein Vogel, der im Wald lebt; er ist nachtaktiv und hat große Augen.
7. Es ist ein Ort, wo man hingeht, wenn etwas wehtut, und man wird dort untersucht.
8. Man kann etwas dafür kaufen, und es ist ein Zahlungsmittel.
9. Es kommt in der Natur vor und richtet einen großen Schaden an.
10. Es ist ein Tier, das in den Savannen Afrikas lebt, und es hat einen sehr langen Hals.

(Lösungen S. 246)

15. Untertest — Zahlen und Symbole (ZS) / Max. 2 Min. für 126 Items

Aufgabe: Fülle die Kästchen mit Symbolen aus.

Schlüssel:

1	2	3	4	5	6	7	8	9
¬	&	∨	⊖	ß	+	→	=	H

2	1	5	3	6	1	3	3	2	4	1	5	2	3	4	6	1	5	6	1	4

3	5	7	2	1	4	2	6	3	2	5	7	7	2	5	1	4	7	3	2	1

2	5	4	1	8	7	6	5	1	3	1	2	3	5	2	7	2	2	4	1	3

3	1	2	8	9	7	4	1	2	8	7	3	4	5	1	3	9	3	2	1	5

3	4	1	2	5	9	7	8	3	1	8	3	7	6	1	4	5	4	2	5	2

1	7	5	2	7	4	8	9	2	4	6	4	2	1	8	1	6	3	4	9	7

(Lösungen S. 246–247)

16. Untertest — Wörter gruppieren (WG) / Max. 20 Sek. für 56 Items

Aufgabe: Finde alle Pflanzen.

Hase	Zwiebel	Nebel	Thermometer
Fluss	Ampel	Kiefer	Brille
Tanne	Gebäude	Reh	Hunger
Hotel	Käfig	Luftballon	Süßigkeit
Wecker	Moos	Feld	Freude
Clown	Radio	Sturm	Mund
Oma	Brand	Kamm	Schere
Pilz	Finger	Seife	Strauch
Straße	Pilot	Bürste	Teppich
Ring	Treppe	Stock	Löwenzahn
Gras	Decke	Bus	Apfel
Stein	Brücke	Fichte	Gepäck
Tüte	Wolke	Katze	Kabel
Nagel	Kamille	Gabel	Tonne

(Lösungen S. 247)

Test für die Altersgruppe 10 bis 11 Jahre

Sprachverständnis	Verarbeitungskapazität
• Wortschatz (WS) • Allgemeines Verständnis (AV) • Wörter erkennen (WE) • Allgemeinwissen (AW)	• Eingekleidete Rechenaufgaben (ER) • Wortanalogien (WA) • Tatsache oder Meinung (TM) • Gemeinsamkeiten (GM)
Logisches Denken	**Bearbeitungsgeschwindigkeit**
• Bildentwurf (BE) • Matrizen (MZ) • Logisches Ergänzen (LE) • Figurenreihen (FR)	• Symbole finden (SF) • Bilder durchstreichen (BD) • Wörter gruppieren (WG) • Zahlen und Symbole (ZS)

| **1. Untertest** | **Logisches Ergänzen (LE) / Max. 20 Sek. pro Aufgabe** |

Aufgaben: Was fehlt hier? Erkenne das fehlende Detail im Bild.

1

2

3

4

5

6

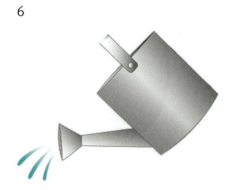

7

8

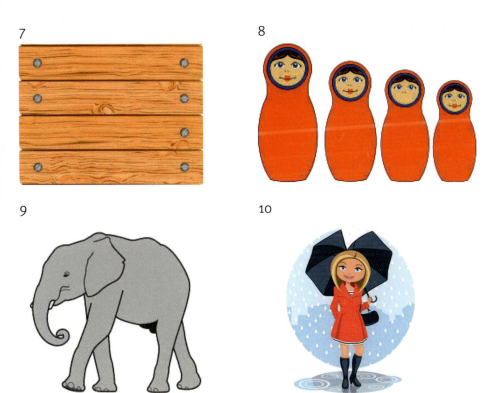

9

10

(Lösungen S. 249)

2. Untertest — Gemeinsamkeiten (GM)

Aufgaben: Was haben diese beiden Begriffe gemeinsam?

1. Tee – Kaffee

   a) chemische Verbindungen
   b) Nahrungsmittel
   c) Getränke
   d) enthalten Koffein
   e) sind im Kühlschrank aufzubewahren
   f) Flüssigkeiten
   g) nass
   h) aus Pflanzen hergestellt
   i) produzieren Rauch
   j) aus Naturprodukten hergestellt

2. Fuchs – Hase

   a) beide haben Schwänze
   b) Nutztiere
   c) Fuchs jagt den Hasen
   d) Säugetiere
   e) Tiere
   f) Lebewesen
   g) beide haben Fell
   h) leben im Wald
   i) fressen andere Tiere
   j) Raubtiere

3. Rakete – Flugzeug

   a) schwer
   b) starten und landen auf einem Flughafen
   c) teuer
   d) fliegen hoch
   e) Ein Flugzeug ist langsamer als eine Rakete
   f) Verkehrsmittel
   g) fliegen zum Mond
   h) brauchen Treibstoff
   i) Fahrzeuge
   j) transportieren Menschen

4. Montag – Donnerstag

   a) Familiennamen
   b) Dinge, die man anfassen kann
   c) Jahreszeiten
   d) Wochentage
   e) nicht kontrollierbar
   f) man kann sie nicht ändern
   g) Arbeitstage
   h) Tage
   i) gibt es jeweils etwa viermal im Monat
   j) nicht materiell

5. Grinsen – Weinen

   a) geben Informationen
   b) bestimmte Zustände
   c) Gefühle
   d) Körpersprache
   e) Bewegungen des Gesichts
   f) Gesten, die man macht
   g) Arten, wie man sein Gesicht formt
   h) Clowns tun das
   i) zeigen Emotionen
   j) Ausdruck von starker innerer Erregung

6. Länge – Breite

   a) Achsenbeschriftungen
   b) werden gemessen
   c) Angaben der Position
   d) eckig
   e) geometrische Figuren
   f) Boden
   g) hoch
   h) Begriffe für Entfernung
   i) weit
   j) Dimensionen

7. Lastwagen – Güterzug

   a) aus Eisen
   b) brauchen Kraftstoff
   c) Fahrzeuge
   d) fahren schnell
   e) Menschen drin
   f) Transportmittel
   g) Massentransportmittel
   h) Autos
   i) befördern etwas
   j) haben Räder

8. Nase – Zunge

   a) Körperteile
   b) rund
   c) von Menschen
   d) Sinne fühlen
   e) Sinnesorgane
   f) im Gesicht
   g) weich
   h) am Kopf
   i) feucht
   j) Organe

9. Treue – Hingabe

   a) Menschliche Beziehungen
   b) Erwartungen der Zuverlässigkeit an den Einzelnen
   c) Arten von Entschlossenheit
   d) Gefühle
   e) Ausdruck großen Vertrauens
   f) gute moralische Charaktereigenschaften
   g) Gedanken
   h) Bindungen von Menschen
   i) Dinge, die man jemandem geben kann
   j) große innere Beteiligung, die oft über den Verstand hinausgeht

10. Zusage – Sperre

   a) notwendig für Gesellschaft
   b) Einschränkungen von Aktivitäten
   c) Dinge, die man tun soll
   d) Grenzen
   e) werden von Eltern gegeben
   f) Dinge, die jeder bekommt
   g) Methoden zur Kontrolle
   h) Normen
   i) haben mit Kontrolle zu tun
   j) Spielraum für Handlungen

(Lösungen S. 249)

3. Untertest

Eingekleidete Rechenaufgaben (ER) / Max. 30 Sek. pro Aufgabe

Aufgaben: Löse die folgenden Rechenaufgaben.

1. 46 Kinder machen mit Booten einen Ausflug auf dem See. In einem Boot dürfen höchstens 6 Kinder sitzen. Wie viele Boote werden benötigt?

2. Bei eBay verkauft Herr Klein 2 Computerspiele zu je 11 Euro und 3 CDs zu je 10 Euro. Wie viel Geld hat er verdient, wenn er 4 Euro Versand zahlen musste?

3. Eine Schnecke kriecht an einer 5 m hohen Mauer jeden Tag 70 cm hoch, rutscht aber nachts wieder 20 cm herab. Nach wie vielen Tagen gelangt sie oben an?

4. Eine Bluse kostet 50 Euro. Im Schussverkauf wird der Preis um 15% gesenkt. Was kostet die Bluse im Schlussverkauf?

5. Für 6 Tassen sind 18 Euro zu zahlen. Der Stückpreis für ein Glas beträgt die Hälfte des Preises für eine Tasse. Wie hoch ist der Preis für 10 Gläser?

6. Die Strecke von Essen nach Hannover ist 210 km lang und besteht aus drei Teilstrecken. Die erste Teilstrecke ist 27 km, die zweite ist 83 km lang. Wie lang ist die dritte Teilstrecke?

7. Im Keller sind 132 Wasserflaschen. Man bringt noch 7 Kisten zu je 6 Flaschen herunter. Wie viele Wasserflaschen sind jetzt im Keller?

8. Ein Auto fährt 246 km in 3 Stunden. Wie viele km pro Stunde fährt es durchschnittlich?

9. Großeltern schenken ihren drei Enkelkindern zusammen 129 Euro. Sie sollen das Geld gerecht teilen. Welchen Betrag erhält jedes Kind?

10. Von welcher Zahl muss man 9 subtrahieren um 12 zu erhalten?

(Lösungen S. 249)

4. Untertest — Wortanalogien (WA) / Max. 20 Sek. pro Aufgabe

Aufgaben: Welche Beziehung besteht zwischen diesen zwei Objekten?

1. Mehl zu Gramm wie Eier zu ?

   a) Stück b) Henne c) Kilogramm d) Einheit e) Korb

2. Rose zu Tulpe wie Ahorn zu ?

   a) Baum b) Fichte c) wachsen d) Wald e) Pflanze

3. warm zu heiß wie groß zu ?

   a) klein b) winzig c) eisig d) riesig e) kalt

4. Schiff zu Wasser wie Flugzeug zu ?

   a) Luft b) fliegen c) Wolken d) schwimmen e) Erde

5. Klavier zu Gitarre wie Bohrer zu ?

   a) bauen b) Hammer c) Werkzeug d) Loch e) Schraube

6. Brise zu Sturm wie reden zu ?

   a) laut b) flüstern c) singen d) brüllen e) Wort

7. neun zu fünfundvierzig wie sechs zu ?

   a) zwölf b) fünfunddreißig c) dreißig d) vierundfünfzig e) zehn

8. leicht zu Feder wie hell zu ?

   a) Tag b) Zimmer c) Gedanken d) Glut e) Licht

9. Ohr zu Geräusch wie Zunge zu ?

   a) Belag b) Muskelorgan c) lang d) Verdauung e) Geschmack

10. reden zu schweigen wie bauen zu ?

    a) behalten b) nachdenken c) spielen d) schreien e) zerstören

(Lösungen S. 249)

5. Untertest — Bildentwurf (BE) / Keine Zeitvorgabe

Aufgabe: Wähle aus jeder Reihe ein Bild aus, das zu den Bildern aus anderen Reihen passt.

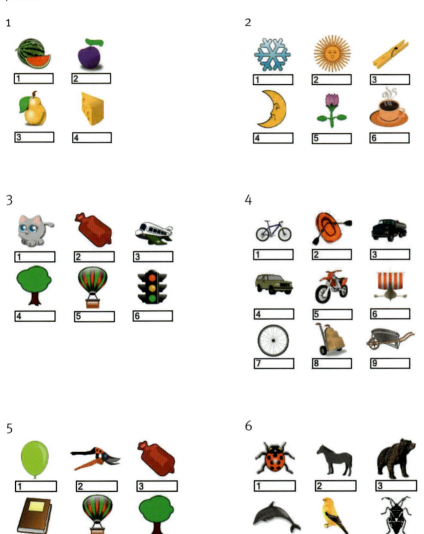

7

8

9

10

(Lösungen S. 250)

6. Untertest — Wortschatz (WS) / Keine Zeitvorgabe

Aufgaben: Erkläre folgende Wörter.

1. überzeugen

   a) jemanden zu einer Leistung zwingen
   b) jemanden beschimpfen
   c) seinen Leistungen voll entsprechen
   d) von jemandem etwas verlangen
   e) von jemandem etwas wollen
   f) jemanden dazu bringen, etwas zu tun
   g) ein Vorhaben
   h) jemanden beeindrucken
   i) Wirkung ausüben
   j) eine Verpflichtung eingehen

2. Strapaze

   a) sich durchsetzen
   b) unter Druck stehen
   c) mit viel Stress verbunden
   d) große Anstrengung
   e) jemand wird gequält
   f) Leistung zeigen
   g) versagen
   h) man bekommt nicht was man will
   i) nicht klar kommen
   j) sich viel Mühe machen

3. oft

   a) häufig
   b) fast immer
   c) regelmäßig
   d) große Menge
   e) mehrfach
   f) störend
   g) sehr viel
   h) immer wieder
   i) reichlich
   j) in kurzen Zeitabständen

4. transparent

   a) man kann etwas sehr gut begreifen
   b) hat mit Verständnis zu tun
   c) fassungslos
   d) jemandem leuchtet etwas ein
   e) verständlich
   f) hängt mit Licht zusammen
   g) jemand ist leicht zu durchschauen
   h) durchsichtig
   i) chemische Verbindung
   j) Licht durchlassend

5. Aufsicht

   a) darauf achten, dass nichts passiert
   b) jemanden anschauen
   c) jemanden durchschauen
   d) sich um jemanden kümmern
   e) man hält Wache
   f) Vereinbarung von Absichten
   g) man ist mit jemandem zusammen
   h) Sicht aus einer Deckung
   i) Aufsicht eines Lehrers über die Schüler
   j) die Sicht von oben auf etwas

6. Erzählung

   a) hat jeder im Buchregal
   b) Wiedergabe eines Geschehens
   c) Autogrammstunde
   d) es handelt sich um ein Geschehen
   e) man schreibt etwas nieder
   f) man schreibt oder teilt etwas mit
   g) wird von einer Person dargestellt
   h) steht im Buch
   i) Gedicht
   j) wurde von Menschen gemacht

7. Schmerz

   a) Mühe
   b) wenn es weh tut
   c) man hat schlechte Karten
   d) eine sehr unangenehme Empfindung
   e) gibt es körperlich und seelisch
   f) wird durch Krankheit ausgelöst
   g) Anzeichen/Folge einer Erkrankung
   h) Sorge
   i) mit jemandem stimmt etwas nicht
   j) dummes Zeug

8. hartnäckig

   a) etwas verwirrt
   b) man ist nicht bereit, aufzugeben
   c) anders sein als die anderen
   d) man verfolgt seine Ziele
   e) man hat etwas zu sagen
   f) leichtsinnig
   g) man hält sich an etwas fest
   h) man weicht von dem Ziel nicht ab
   i) töricht
   j) beharrlich

9. Resistenz

   a) stammt aus Biologie und Medizin
   b) Unempfindlichkeit
   c) die Erreger sind resistent gegen diese Arzneimittel
   d) Verzicht
   e) Widerstand
   f) zwei Dinge können sich vertragen
   g) gelenkig
   h) Widerstandsfähigkeit gegenüber äußeren Einwirkungen
   i) lässt Luft bzw. Wasser nicht durch
   j) Wettbewerb

10. Option

a) etwas in Anspruch nehmen
b) man kann etwas tauschen
c) Berechtigung zum Handeln
d) Möglichkeit zu entscheiden
e) Ansprüche erheben
f) man kann sich für ein Ding entscheiden
g) hat mit Optik zu tun
h) Zustand
i) Alternative
j) Wahlmöglichkeit

(Lösungen S. 250)

7. Untertest — Matrizen (MZ) / Keine Zeitvorgabe

Aufgaben: Welche Figur a bis e passt als einzige in das freie Kästchen mit dem Fragezeichen und ergänzt die anderen logisch?

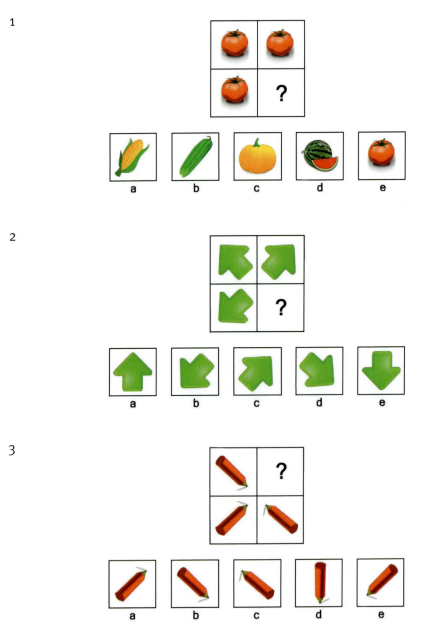

4

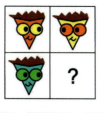

a　　　　b　　　　c　　　　d　　　　e

5

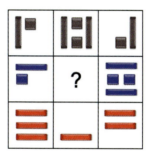

a　　　　b　　　　c　　　　d　　　　e

6

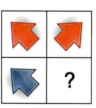

a　　　　b　　　　c　　　　d　　　　e

7

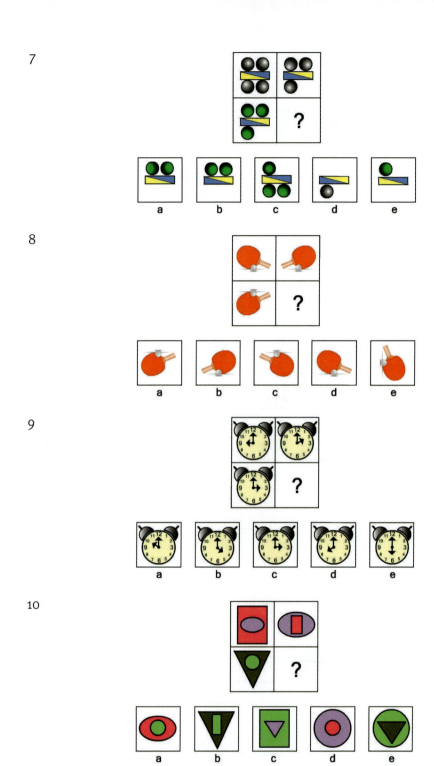

8

9

10

(Lösungen S. 250)

8. Untertest — Allgemeines Verständnis (AV) / Keine Zeitvorgabe

Aufgaben: Beantworte die folgenden Fragen.

1. Was spricht für den Einsatz von erneuerbaren Energien (Windkraftanlagen, Biogasanlagen, Solarzellen)?

    a.) Weil die Stromerzeugung aus Wind oder Sonne nichts kostet.
    b.) Es sind unerschöpfliche Energiequellen.
    c.) Alles spricht dafür.
    d.) Langfristig gibt es keine Alternative.
    e.) In Deutschland findet derzeit ein starker Ausbau der erneuerbaren Energien statt.
    f.) Der Umstieg auf die erneuerbaren Energien ist sehr wichtig.
    g.) Sie sind umweltfreundlich.
    h.) Es ist gut, etwas Neues auszuprobieren.
    i.) Hohe Energieeffizienz.
    j.) Atomkraftwerke sind gefährlich.
    k.) Es wird heutzutage in die erneuerbaren Energien viel investiert.

2. Wozu braucht man eine Geburtsurkunde?

    a.) Sie wird von Behörden ausgestellt, damit man weiß, dass du diese Person bist.
    b.) Die Geburtsurkunde gehört dir.
    c.) Um einen Pass zu beantragen.
    d.) Man kann eine neue ausstellen lassen.
    e.) Um die Abstammung nachzuweisen.
    f.) Damit die Eltern sie behalten.
    g.) Man braucht sie, wenn man heiraten will.
    h.) Das ist ein Nachweis für die Geburt eines Kindes.
    i.) Die Geburtsurkunde benötigen die Eltern, um ein Kind anzumelden und zu beweisen, dass das Kind ihres ist.
    j.) Das ist ein Reisepass für ein Kind.
    k.) Jedes Kind hat eine.
    l.) Der Mensch ist das, was in der Geburtsurkunde steht.

3. Warum ist ein sparsamer Umgang mit Wasser notwendig, obwohl es praktisch immer vorhanden ist und nie ausgehen kann?

    a.) Die Aufbereitung des Trinkwassers ist teuer und energieintensiv.
    b.) Um Geld zu sparen.
    c.) Das Wasser muss gereinigt werden, es vermischt sich mit allen anderen Substanzen.

d.) Weil ein Mensch ohne Wasser nicht leben kann.
e.) Indem man Wasser spart, beteiligt man sich am Umweltschutz.
f.) Weil ein Mensch zum großen Teil aus Wasser besteht.
g.) Als Trinkwasser ist es weg und teuer ist es auch, da man ja auch das Abwasser bezahlen muss.
h.) Die Erde kommt nicht mit dem Kreislauf schnell genug nach, wenn wir unnötig Wasser verschwenden.
i.) Weil alle Lebewesen Wasser brauchen.
j.) Wenn man den Wasserhahn anlässt, ist das Wasser doch nicht weg, nur woanders. Was anderes wäre es, wenn die Erde zu viel bewässert wird und die Pflanzen es trinken.
k.) Es bedeutet viel Aufwand, das Trinkwasser herzustellen.

4. Warum gibt es Staatsgrenzen?

a.) Weil es Länder gibt.
b.) Weil sonst alle Zöllner arbeitslos wären.
c.) Zum Verteidigen und Krieg führen.
d.) Aus dem gleichen Grund, aus dem es auch Grundstücksgrenzen gibt.
e.) Wegen der Habgier auf der Welt.
f.) Um einen Staat von dem anderen abzugrenzen.
g.) Bei Grenzkonflikten kann es von Streitigkeiten zwischen Regierungen über Grenzstreitigkeiten bis hin zu Kriegen kommen.
h.) Sie erfüllt den Zweck der staatlichen Rechtsordnung.
i.) Damit wird die territoriale Integrität eines Staates gegenüber seiner Nachbarschaft gesichert.
j.) Staatsgrenzen werden sowohl an Land als auch auf See gezogen.

5. Welche Vorteile hat es, wenn man ehrlich ist?

a.) Eine halbe Wahrheit ist die ganze Lüge.
b.) Mit Ehrlichkeit kommt man weiter.
c.) Es lohnt sich nicht zu lügen, da die Wahrheit immer herauskommt.
d.) Keiner will mit einem Menschen zu tun haben, der nie lügt und direkt ist.
e.) Wenn man nicht ehrlich ist, kann man sich schnell in Lügen verstricken.
f.) Man hat ein gutes Gewissen, wenn man die Wahrheit sagt.
g.) Ein ehrlicher Mensch wird mehr anerkannt.
h.) Man kriegt für die Wahrheit öfters was „auf die Schnauze".
i.) Einem Lügner, der ertappt wurde, glaubt man nicht mehr.
j.) Es entstehen keine Missverständnisse, und die Probleme, die durch eine Lüge entstehen können, werden vom Grundsatz her verhindert.

6. Darf man im Dunkeln ohne Licht Rad fahren?

a.) Nein, sonst muss man Bußgeld zahlen.

b.) Eine Beleuchtung muss zwar vorhanden sein, aber man muss sie nicht benutzen. Nur im Falle eines Unfalls hat man dann eventuell die Alleinschuld.
c.) Im Dunkeln muss beim Fahrrad das Licht angemacht werden.
d.) Nein. Das Licht am Fahrrad dient nicht in erster Linie dazu, als Fahrer etwas zu sehen, sondern vor allem, um gesehen zu werden.
e.) Nein. Man ist für sein Leben und das Leben der anderen verantwortlich.
f.) Es ist riskant.
g.) Man darf es, wenn es keiner sieht.
h.) Nein. Sonst sieht man nicht, wo man hinfährt.
i.) Rad fahren ohne Licht lohnt sich nicht.
j.) Nein. Das ist eine Vorschrift.

7. Nenne eine Möglichkeit, wie man den Tierschutz unterstützen kann

a.) Wenn man aktiv in Tierschutzvereinen wird.
b.) Indem man sich informiert, was Tierschutz ist.
c.) Wenn man Vegetarier wird.
d.) Katzenfutter im Supermarkt kaufen.
e.) Einen Beruf auswählen, der mit Tieren zu tun hat.
f.) Indem man an entsprechende Tierschutzorganisationen spendet.
g.) Sich um ein Haustier kümmern.
h.) Tiere vor Kälte schützen.
i.) Tierquäler anzeigen.

8. Warum sprechen die Menschen auf der Welt verschiedene Sprachen?

a.) Der menschliche Kehlkopf kann unglaublich viele Laute erzeugen, viel mehr, als man für eine Sprache braucht.
b.) Es hat sich halt so entwickelt.
c.) Weil sonst Dolmetscher arbeitslos wären.
d.) Unterschiedliche Regionen und Kulturen haben ganz unterschiedliche Ansprüche an Grammatik und Vokabular.
e.) Menschen sind an verschiedenen Orten aufgewachsen und haben ihre eigenen Sprachen entwickelt.
f.) Das ist die menschliche Evolution.
g.) Jungen und Mädchen haben schon immer andere Sprachen gesprochen.
h.) Zufälligerweise einigen sich Menschen lokal darauf, welche Sprache sie benutzen.

9. Warum muss Elektroschrott gesondert entsorgt werden?

a.) Weil man bei Entsorgung kostenlos neue Geräte bekommt.
b.) Das ist gut für die Umwelt.
c.) Elektrogeräte enthalten wertvolle Rohstoffe.
d.) Über die Entsorgung der elektronischen Geräte sollte man sich Gedanken machen, da hier der Umweltschutz gefragt ist.

- e.) Weil Elektroschrott normalerweise nicht in die gewöhnliche Mülltonne passt.
- f.) Weil man Elektroschrott irgendwie loswerden muss.
- g.) Wegen der Giftstoffe, die sich eventuell mit anderem Müll vermischen, wenn man Elektroschrott in den Restmüll wirft.
- h.) Weil man dafür gelobt wird.
- i.) In fast jeder Stadt gibt es einen Recyclinghof. Dort kann man Elektroschrott abgeben.

10. Warum ist ein Papierbuch besser als ein E-Book?

- a.) In 100 Jahren werden noch Bücher verkauft.
- b.) Es ist einfach ein gutes Gefühl, ein Buch in den Händen zu halten und umzublättern.
- c.) Ein Buch ist viel mehr, als nur ein Träger von Information. Auf die sinnliche Erfahrung wird man nie verzichten können.
- d.) Das Papierbuch ist im Verkauf billiger.
- e.) Der Computer ist zu unpersönlich.
- f.) In der Bibliothek gibt es mehr Papierbücher.
- g.) Gerade in der Schule können Papierbücher nicht ersetzt werden.
- h.) Man muss in einen Buchladen gehen, um Papierbücher zu kaufen.
- i.) Bestimmt werden auch in Zukunft noch Bücher verkauft. Ich zum Beispiel lese Bücher, weil es nicht so anstrengend für die Augen ist, wie auf's Handy oder Laptop zu gucken.
- j.) Das Papierbuch ist doch bereits teilweise durch das E-Book ersetzt.
- k.) Man kann Bücher nicht durch elektronische Sachen ersetzen. Papierbücher zu lesen ist nicht so anstrengend wie auf's Handy oder Laptop zu schauen.

(Lösungen S. 250–252)

9. Untertest — Symbole finden (SF) / Max. 2 Min. für 45 Items

Aufgaben: Vergleiche zwei Zielsymbole und die Suchgruppe, die aus 5 Symbolen besteht, und gebe an, ob sich eines der beiden Zielsymbole in der Suchgruppe befindet.

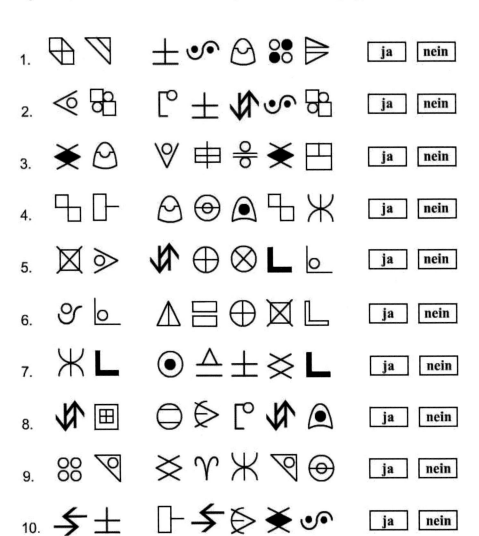

#								
11.							ja	nein
12.							ja	nein
13.							ja	nein
14.							ja	nein
15.							ja	nein
16.							ja	nein
17.							ja	nein
18.							ja	nein
19.							ja	nein
20.							ja	nein
21.							ja	nein
22.							ja	nein

23. — — — — — — — ☐ ja ☐ nein
24. — — — — — — — ☐ ja ☐ nein
25. — — — — — — — ☐ ja ☐ nein
26. — — — — — — — ☐ ja ☐ nein
27. — — — — — — — ☐ ja ☐ nein
28. — — — — — — — ☐ ja ☐ nein
29. — — — — — — — ☐ ja ☐ nein
30. — — — — — — — ☐ ja ☐ nein
31. — — — — — — — ☐ ja ☐ nein
32. — — — — — — — ☐ ja ☐ nein
33. — — — — — — — ☐ ja ☐ nein
34. — — — — — — — ☐ ja ☐ nein

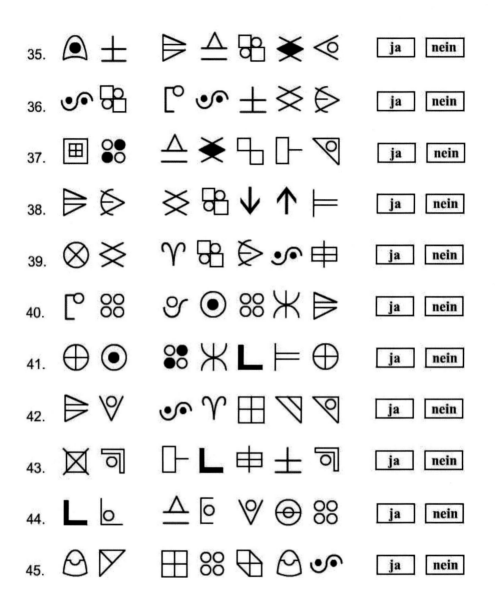

(Lösungen S. 252)

10. Untertest — Tatsache oder Meinung (TM) / Max. 10 Sek. pro Aufgabe

Aufgaben: Ist diese Aussage Tatsache oder Meinung?

1. Ein Mensch hält es ohne Wasser maximal 4 Tage aus.
2. Kinder denken ganz anders als Erwachsene.
3. Ein Leben ohne Elektrizität ist heute schwer vorstellbar.
4. Das Ozonloch ist schädlich für das Leben auf der Erde.
5. Alle Flüsse fließen ins Meer.
6. In der Stadt lebt es sich besser, als auf dem Land.
7. Die gute Qualität rechtfertigt den hohen Preis.
8. Die Erde ist der einzige bewohnte Planet im Weltraum.
9. In Zukunft werden nur digitale Bücher veröffentlicht.
10. Respekt heißt, jemandem Anerkennung entgegenzubringen und ihn entsprechend zu behandeln.

(Lösungen S. 252)

11. Untertest — Bilder durchstreichen (BD) / Max. 1 Min. für 320 Items

Aufgabe: Finde möglichst viele Zielbilder (Häuser).

Zielbilder:

(Lösungen S. 253)

12. Untertest — Allgemeinwissen (AW) / Keine Zeitvorgabe

Aufgaben: Beantworte folgende Wissensfragen.

1. Welcher Tag kommt nach Freitag?

a) Samstag   b) Mittwoch   c) Montag   d) Donnerstag

2. Aus welchem Material ist die Spitze eines Bleistiftes?

a) Blei   b) Kreide   c) Kohle   d) Graphit

3. Mit welchem Organ atmen Wale?

a) Lunge   b) Kiemen   c) Haut   d) Nase

4. Was bedeuten die olympischen Ringe?

a) die Anzahl der Schiedsrichter bei der Olympiade   b) die Anzahl der Erdteile   c) 5 olympische Sportarten   d) 5 Erdteile, die durch den Sport verbunden sind

5. Was ist der Äquator?

a) ein exotisches Tier, das in Afrika lebt   b) eine giftige Pflanze   c) ein Breitengrad um die Mitte der Erdkugel   d) ein Maßband

6. Zu welchem Land wollte Kolumbus den Seeweg finden, als er 1492 Amerika entdeckte?

a) Indien   b) China   c) Australien   d) Afrika

7. Was ist eine Erdatmosphäre?

a) Maßeinheit des Drucks   b) Gasförmige Hülle der Erde   c) gute Laune   d) Gefühle aller Menschen auf der Erde

8. Wer malte die „Mona Lisa"?

a) Raffael   b) Michelangelo   c) Leonardo da Vinci   d) Kandinski

9. Welches Land der Welt hat die größte Fläche?

a) Kanada	b) Russland	c) China	d) USA

10. Wer ist der oberste Gott in der griechischen Mythologie?

a) Zeus	b) Herkules	c) Poseidon	d) Apollon

(Lösungen S. 253)

13. Untertest Figurenreihen (FR) / Keine Zeitvorgabe

Aufgaben: Welche Figur ergänzt die Reihe logisch?

1

a b c d e

2

a b c d e

3

a b c d e

4

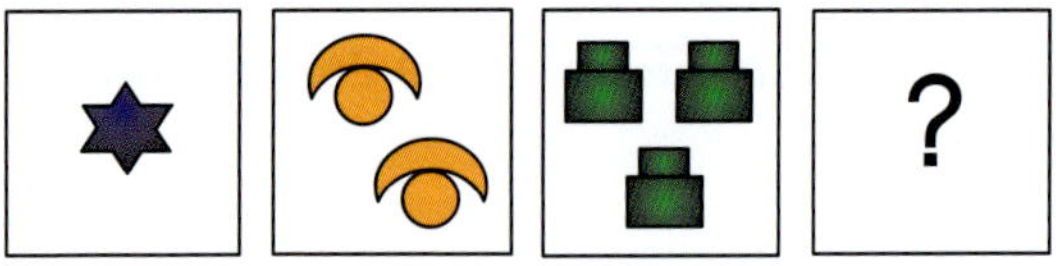

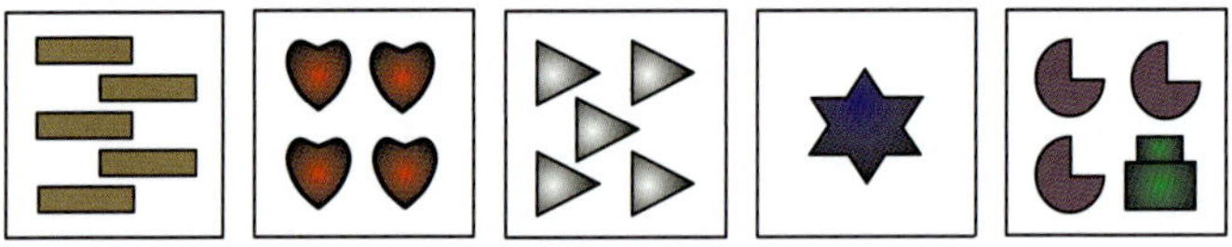

a b c d e

5

a b c d e

6

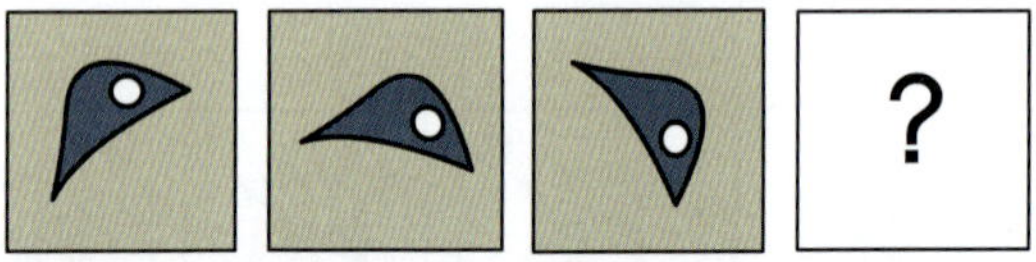

a b c d e

7

a b c d e

8

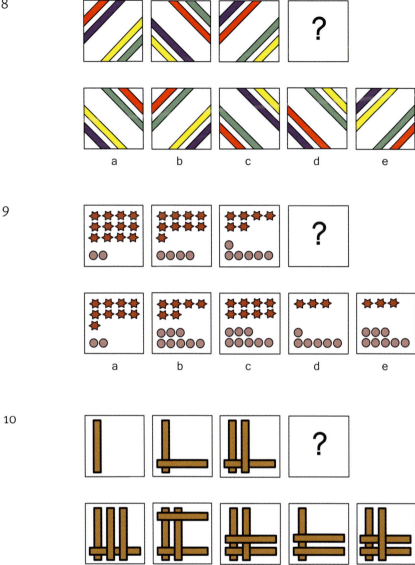

(Lösungen S. 253)

14. Untertest — Wörter erkennen (WE) / Keine Zeitvorgabe

Aufgaben: Was ist das? Finde die Begriffe heraus.

1. Es ist ein tierisches, eiweißhaltiges Nahrungsmittel.

2. Sie unterteilen das Jahr in vier verschiedene Perioden, und sie zeichnen sich durch charakteristische astronomische oder klimatische Eigenschaften aus.

3. Es ist eine Beziehung zwischen Menschen, die auf Sympathie und Vertrauen beruht.

4. Es ist ein Werkzeug zum Bauen und Messen, und es ist ein Richtungsinstrument.

5. Es ist etwas, was man beobachten kann, und es kommt selten vor. Es ist etwas Außergewöhnliches.

6. Es ist etwas, was jeder Mensch macht. Es ist etwas, was falsch ist, und es lässt sich nicht immer vermeiden.

7. Es gibt die Einheiten an, und es ist ein Messgerät. In der Astrologie ist das ein Tierkreiszeichen.

8. Es ist aus Holz und hat Beine. Es ist groß und man kann darauf Musik spielen.

9. Es ist ein Gerät, das man oft im Wald benutzt. Es hat Magneten.

10. Es ist ein Naturprodukt, und es ist auch ein fossiler Brennstoff. Man findet es im Wald.

(Lösungen S. 254)

15. Untertest — Zahlen und Symbole (ZS) / Max. 2 Min. für 126 Items

Aufgabe: Fülle die Kästchen mit Symbolen aus.

Schlüssel:

1	2	3	4	5	6	7	8	9
⊥	?	□	$	%	D	/	A	//

1	3	6	2	2	4	1	5	6	1	3	4	5	2	1	5	6	1	1	3	2

6	7	3	4	5	3	2	4	1	5	2	3	6	7	1	6	2	3	5	1	4

8	7	5	6	3	2	1	2	8	8	5	3	6	2	4	7	4	8	6	5	7

2	4	6	9	1	8	2	5	4	3	2	1	7	9	3	1	6	4	7	7	2

1	2	5	3	2	8	1	4	9	4	7	6	8	5	2	1	9	1	8	4	7

9	2	3	1	4	1	2	8	3	9	5	8	1	8	5	2	9	6	5	3	1

(Lösungen S. 254–255)

16. Untertest Wörter gruppieren (WG) / Max. 20 Sek. für 56 Items

Aufgabe: Finde alle Wörter, die Monate im Jahr bezeichnen.

Dezember	Herbst	Vollmond	Autor
Vormittag	Neumond	August	Dienstag
Wochentag	April	Freitag	Quartal
Leben	Pflanze	Jahreszeit	Tag
Zimmer	Kalender	Sommer	November
Buch	Mittag	Minute	Abend
Abschnitt	Sonntag	Ziel	Krebs
Milch	Matratze	Januar	Fahrrad
Juli	Schnee	Kaninchen	Pfeil
Traum	Messer	Körper	Erde
Fisch	März	Fisch	Stern
Knopf	Farbe	Schokolade	September
Februar	Knospe	Socke	Topf
Musik	Buch	Oktober	Kissen

(Lösungen S. 255)

Test für die Altersgruppe 11 bis 12 Jahre

Sprachverständnis	Verarbeitungskapazität
▪ Wortschatz (WS) ▪ Allgemeines Verständnis (AV) ▪ Wörter erkennen (WE) ▪ Allgemeinwissen (AW)	▪ Eingekleidete Rechenaufgaben (ER) ▪ Wortanalogien (WA) ▪ Tatsache oder Meinung (TM) ▪ Gemeinsamkeiten (GM)
Logisches Denken	**Bearbeitungsgeschwindigkeit**
▪ Bildentwurf (BE) ▪ Matrizen (MZ) ▪ Logisches Ergänzen (LE) ▪ Figurenreihen (FR)	▪ Symbole finden (SF) ▪ Bilder durchstreichen (BD) ▪ Wörter gruppieren (WG) ▪ Zahlen und Symbole (ZS)

1. Untertest — Logisches Ergänzen (LE) / Max. 20 Sek. pro Aufgabe

Aufgaben: Was fehlt hier? Erkenne das fehlende Detail im Bild.

1
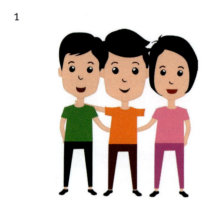

2

3

4

5
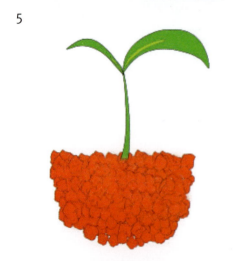

6

7

8

9

10

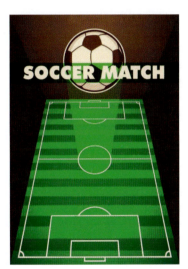

(Lösungen S. 257)

2. Untertest — Gemeinsamkeiten (GM) / Keine Zeitvorgabe

Aufgaben: Was haben diese beiden Dinge gemeinsam?

1. Pflaume – Birne

   a) gesunde Nahrungsmittel
   b) Birne hat Kerne, Pflaume hat einen Stein
   c) Obst
   d) rund
   e) Gemüse
   f) essbar
   g) wachsen aus der Erde
   h) wachsen auf Bäumen
   i) schmecken gut
   j) Früchte

2. Kilogramm – Zentimeter

   a) Angaben von Positionen
   b) Maßeinheiten
   c) haben mit Zahlen zu tun
   d) zum Messen
   e) Begriffe für Raum
   f) Einheiten
   g) kurz und schwer
   h) zum Zählen
   i) lang
   j) Dimensionen

3. Fuß – Hand

   a) ein Mensch kann darauf laufen
   b) unterster Teil des Armes oder Beines
   c) Gelenke zwischen Hand und Unterarm
   d) sind normalerweise feucht und kalt
   e) haben Finger bzw. Zehen
   f) beim Verlust wachsen sie nach
   g) sind für Menschen sehr wichtig
   h) Körperteile
   i) man kann Handschuhe oder Socken anziehen
   j) man kann sie zur Begrüßung schütteln

4. Tennis – Fechten

   a) es gibt Regeln
   b) man kämpft mit Stoßwaffen
   c) sportliche Spiele
   d) werden ausschließlich draußen getrieben
   e) werden jeweils von zwei Personen ausgeführt
   f) es wird ein Netz benutzt
   g) Sportarten
   h) beim Spielen trägt man weiße Sachen
   i) es gibt 2 Schläger
   j) es wird geschlagen bzw. gestoßen

5. Dürre – Vulkanausbruch

   a) Planeten
   b) kommen selten vor
   c) Naturkatastrophen
   d) in der Natur
   e) lassen sich nicht beeinflussen
   f) in der Wüste
   g) laut
   h) schlecht für Menschen
   i) weit weg
   j) Naturereignisse

6. Arzt – Lehrer

   a) verfügen über besonderes Wissen
   b) Berufe
   c) arbeiten mit Verstand
   d) haben mit Menschen zu tun
   e) akademische Berufe
   f) verdienen viel Geld
   g) geistige Tätigkeiten
   h) drücken sich durch die Kunst aus
   i) Hobbys
   j) helfen den Menschen

7. Holz – Heizöl

   a) Feuer
   b) erzeugen Wärme
   c) Brennstoffe
   d) flüssig
   e) brennen gut
   f) zum Heizen
   g) Energieträger
   h) werden aus Erdöl hergestellt
   i) Chemikalien
   j) Substanzen

8. Neid – Hass

   a) Egoismus
   b) Notwendig für die Gesellschaft
   c) Abneigung
   d) Feindschaft
   e) missgünstige Einstellungen
   f) menschliche Gefühle
   g) Dinge, die man verdient
   h) man mag den anderen nicht
   i) haben mit Menschen zu tun
   j) machen das Leben bunter

9. Film – Lied

   a) Dinge, die man sieht
   b) Handlung
   c) Ausdrücke von Kreativität
   d) machen das Leben schöner
   e) kreative Werke
   f) Darstellungen
   g) Kunstobjekte
   h) drücken Gefühle aus
   i) künstlerische Äußerungen
   j) Äußerungen

10. Graphit – Diamant

- a) Kunstwerke
- b) Minerale
- c) Nebenprodukte von Pflanzen
- d) Schmuck
- e) nicht von Menschen erzeugt
- f) kommen in der Natur vor
- g) hart
- h) aus der Natur gewonnen
- i) enthalten Nährstoffe
- j) werden benutzt, um Dinge herzustellen

(Lösungen S. 257)

3. Untertest
Eingekleidete Rechenaufgaben (ER) / Max. 30 Sek. pro Aufgabe

Aufgaben: Löse die folgenden Rechenaufgaben.

1. In der Klasse von Silke sind 24 Schüler. Die Hälfte aller Kinder kann schwimmen. Ein Drittel dieser Hälfte hat ein Schwimmabzeichen. Wie viele Kinder haben ein Schwimmabzeichen?

2. An einer Käsetheke im Supermarkt kostet 1 Kilo Ziegenkäse 14 Euro. Frau Neumann lässt sich 300 g abschneiden. Wie viel Geld zahlt sie an der Kasse für ihr Stück Käse?

3. Auf einer Brücke steht eine Fahrverbotstafel für Fahrzeuge über 5 t Gesamtgewicht. Ein LKW wiegt 3 t. Er ist mit 1300 kg Obst und 750 kg Gemüse beladen. Darf er über die Brücke fahren?

4. Von 2 Apfelbäumen trug der erste Baum 112 kg und der zweite 25 kg weniger als der erste. Wie viele kg Äpfel konnten von beiden Bäumen geerntet werden?

5. Ein Geschäft hat an einem Tag 781 Euro eingenommen. Für den Einkauf von neuen Waren wurden 319 Euro ausgegeben. Wie viel Geld bleibt dem Geschäft übrig?

6. Im Keller sind 200 Wasserflaschen. Man bringt noch 3,5 Kisten zu je 6 Flaschen herunter. Wie viele Flaschen sind jetzt im Keller?

7. 62 Kilo Orangen sind in zwei Kisten verpackt. In einer Kiste sind 6 Kilo weniger als in der ersten. Wie viele Kilo Orangen gibt es in der größeren Kiste?

8. Im Wohnzimmer und im Schlafzimmer muss neues Parkett verlegt werden. Das Wohnzimmer hat die Länge 9 m und die Breite 3 m und das Schlafzimmer hat die Länge 2 m und die Breite 4 m. Wie viele m^2 Parkett müssen gekauft werden?

9. Nachtwächter Frank beginnt seine Rundgänge am Fabriktor um 22 Uhr. Frank braucht für eine Runde 15 min. Wie viele Runden macht er bis Mitternacht?

10. Klaus kauft in einem Sportwarengeschäft ein. Die Sachen, die er sich ausgesucht hat, haben folgende Preise: eine Mütze 15 Euro, eine Hose 24 Euro, ein Paar Turnschuhe 64 Euro. Die Hose und die Turnschuhe sind reduziert. Für die zahlt Klaus nur die Hälfte des ursprünglichen Preises. Er hat einen 50 Euro Schein. Wie viel Geld fehlt ihm noch, um die Rechnung zu begleichen?

(Lösungen S. 257)

4. Untertest Wortanalogien (WA) / Max. 20 Sek. pro Aufgabe

Aufgaben: Welche Beziehung besteht zwischen diesen zwei Begriffen?

1. Montag zu Donnerstag wie Januar zu ?

   a) Februar   b) Jahreszeit   c) Winter   d) Monat   e) April

2. Metall zu Rost wie Brot zu ?

   a) Schimmel   b) Krümel   c) essbar   d) hart   e) Weizen

3. Hering zu Fisch wie Tomate zu ?

   a) Möhre   b) Gemüse   c) Feld   d) Pommes   e) Bauer

4. Haus zu wohnen wie Bett zu ?

   a) Möbel   b) vermissen   c) schlafen   d) träumen   e) tragen

5. Spatz zu Schwalbe wie Eiche zu ?

   a) Stamm   b) Baum   c) Birke   d) Pflanze   e) Wald

6. Büro zu Vorgesetzter wie Schule zu ?

   a) Sekretärin   b) Direktor   c) Lehrer   d) Schüler   e) Eltern

7. Fluss zu fließen wie Flugzeug zu ?

   a) Flughafen   b) benutzen   c) landen   d) fliegen   e) abheben

8. geben zu nehmen wie schlau zu ?

   a) hässlich   b) bekommen   c) ratlos   d) schön   e) dumm

9. Weizen zu Brot wie Papier zu ?

   a) essen   b) Zeitung   c) Kiosk   d) Druckerei e) Aktentasche

10. Katze zu Tiger wie Hund zu ?

    a) Schwein   b) Kuh   c) Wolf   d) Pony   e) Zebra

(Lösungen S. 257)

| **5. Untertest** | **Bildentwurf (BE) / Keine Zeitvorgabe** |

Aufgaben: Wähle aus jeder Reihe ein Bild aus, das zu den Bildern aus anderen Reihen passt.

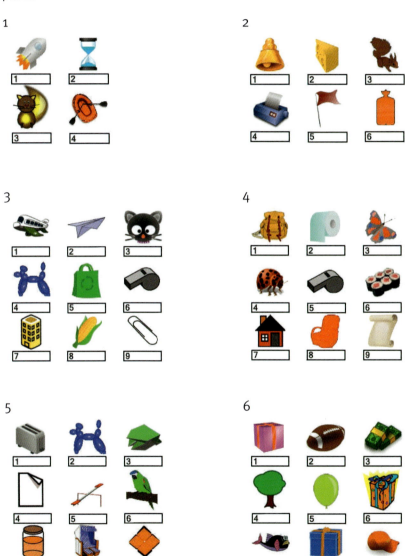

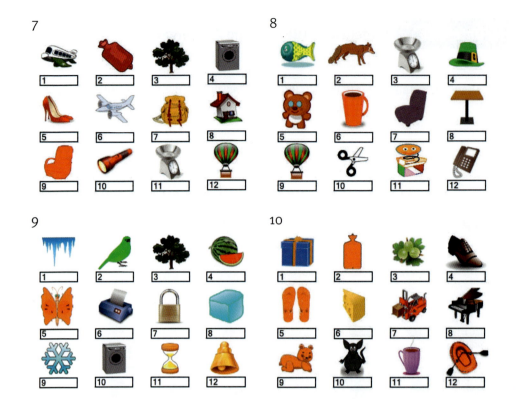

(Lösungen S. 258)

6. Untertest   Wortschatz (WS) / Keine Zeitvorgabe

Aufgaben: Erkläre folgende Wörter.

1. Vorlage

   a) ein Vorbild für andere sein
   b) etwas nach einem Muster basteln
   c) wird durch eine Behörde vergeben
   d) Teil der Verfassung
   e) Vorbild bei der Anfertigung
   f) Modell zum Nachbauen
   g) Skript
   h) Grundlage für irgendwas
   i) Menge hergestellter Gegenstände
   j) Vorschlag

2. Beweis

   a) Nachweis dafür, dass jemand die Wahrheit sagt
   b) Fahrkarte
   c) Zeichen, das etwas offenbart
   d) Ausweis
   e) ein Dokument, das etwas bestätigt
   f) Dokument, das etwas zum Ausdruck bringt
   g) er wird vor Gericht vorgeführt
   h) Bestätigung
   i) Nachweis für eine Ausbildung
   j) Produkt menschlicher Phantasie

3. Standpunkt

   a) wie man aussieht
   b) man sieht Dinge unter seinem Blickwinkel
   c) man hat was zu sagen
   d) persönliche Meinung
   e) Betrachtungsweise
   f) Ort, an dem man sich befindet
   g) bestimmte Einstellung
   h) auf den Punkt bringen
   i) Brille
   j) möglicher Ablauf der Dinge

4. Versagen

   a) das Erwartete nicht tun
   b) sich etwas verbieten
   c) verzweifelt sein
   d) nicht mehr funktionieren
   e) auf etwas verzichten
   f) sich nicht bereitfinden
   g) keinen Erfolg haben
   h) etwas nicht verstehen
   i) auf der Strecke bleiben
   j) an etwas scheitern

5. Dilemma

   a) es geht meistens um unangenehme Dinge
   b) eine unlösbare Situation
   c) in einen Zwiespalt geraten
   d) man sammelt Erfahrungen
   e) Situation mit zwei Möglichkeiten einer Entscheidung
   f) eine Notlage
   g) Verzweiflung
   h) man sitzt zwischen zwei Stühlen
   i) Erklärungsbedürfnis
   j) man macht sich Gedanken

6. Vorahnung

   a) in die Zukunft sehen
   b) vor einem Publikum vortragen
   c) etwas wissen, bevor es geschieht
   d) hellsehen
   e) etwas vermuten
   f) Meinung äußern
   g) ein Gefühl von etwas
   h) ursprüngliche Meinung
   i) Vorgefühl von irgendwas
   j) umfangreiches Wissen

7. zuvorkommend

   a) hat alles zur Hand
   b) entgegenkommend
   c) gute Manieren haben
   d) jemand macht kleine Gefälligkeiten
   e) zur Verfügung stehen
   f) treu
   g) liebenswürdig und hilfsbereit
   h) gepflegte Erscheinung
   i) sympathisch
   j) hochachtungsvoll

8. Misere

   a) Kündigung
   b) Abweichung von der Normalität
   c) Zustand, in dem man sich befinden kann
   d) eine Veränderung
   e) katastrophaler Zustand
   f) etwas ist schlecht gelaufen
   g) Unzufriedenheit
   h) eine Notlage
   i) eine Art Störung
   j) unerträgliche Situation

9. Klippe

   a) bewohnbar
   b) eine Gefahr für Schiffe
   c) ragt aus dem Meer heraus
   d) großer Stein
   e) Insel
   f) Hindernis
   g) Fels im Wasser
   h) gibt es im Meer
   i) in der Nähe der Küste
   j) Felsenriff

10. Abstimmung

a) Vorschläge werden diskutiert
b) alle wählen aus verschiedenen Möglichkeiten
c) ein Teil vom Ganzen
d) alle geben ihre Stimme ab
e) Referendum
f) eine Wahl durch Abstimmung treffen
g) alle sind für das Gleiche
h) es wird eine Entscheidung getroffen
i) Abgabe der Stimme mit „ja" oder „nein"
j) alles oder nichts

(Lösungen S. 258)

7. Untertest Matrizen (MZ) / Keine Zeitvorgabe

Aufgaben: Welche Figur a bis e passt als einzige in das freie Kästchen mit dem Fragezeichen und ergänzt die anderen logisch?

1

2

3

4

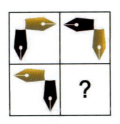

a b c d e

5

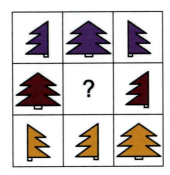

a b c d e

6

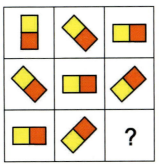

a b c d e

7

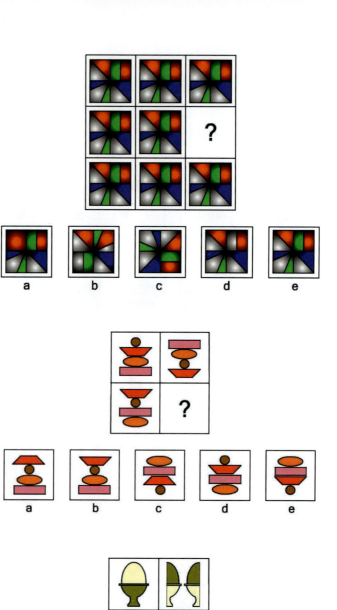

10

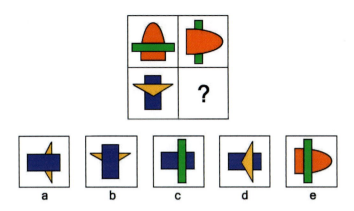

(Lösungen S. 258)

8. Untertest — Allgemeines Verständnis (AV) / Keine Zeitvorgabe

Aufgaben: Beantworte die folgenden Fragen.

1. Muss man einer im Straßenverkehr verletzten Person helfen?

   a.) Es sollte aber auch selbstverständlich sein.
   b.) Man muss einem Verletzten Erste Hilfe leisten, sonst macht man sich sogar strafbar.
   c.) Es ist Pflicht, erste Hilfe zu leisten. Ansonsten gilt es als unterlassene Hilfeleistung.
   d.) Ja, sonst hat man kein ruhiges Gewissen.
   e.) Man soll zumindest einen Notruf absetzen.
   f.) Wenn diese Person mir unbekannt ist, helfe ich nicht.
   g.) Es hängt davon ab, ob ich Zeit habe.
   h.) Man muss Hilfe leisten, sonst macht man sich strafbar.
   i.) Ich helfe, wenn ich mich selber nicht in Gefahr bringe.
   j.) Wenn jemand im Straßenverkehr unvorsichtig gewesen ist – Pech gehabt, ich mische mich nicht ein.
   k.) Ich helfe nicht, weil ich kein Arzt bin.

2. Warum soll die Beziehung zwischen Kindern und Erwachsenen gegenseitigen Respekt aufweisen?

   a.) Wer Respekt erwartet, muss auch welchen entgegenbringen.
   b.) Wenn mich Erwachsene nerven, dann bin ich schon mal direkt und sag meine Meinung, allerdings nicht frech.
   c.) Weil man sonst kein Taschengeld bekommt.
   d.) Viele Situationen wären entspannter bzw. würden erst gar nicht entstehen, wenn beide Seiten (Erwachsene und Kinder) respektvoll miteinander umgehen würden.
   e.) Respekt haben hat nichts mit Alter zu tun.
   f.) Eigentlich soll ein gegenseitiger Respekt vorhanden sein, aber es ist nun mal nicht so.
   g.) Respekt vor dem anderen zu haben, gilt für beide Seiten. Man muss sich aber Respekt verdienen.
   h.) Weil sonst Erwachsene böse werden.
   i.) Mit Respekt verbinden Kinder Verhaltensregeln, die Erwachsene für sie festgelegt haben und von ihnen erwarten. Die Erwartungen der Kinder an das Verhalten der Erwachsenen sind auch hoch.
   j.) Wenn Kinder sich gut benehmen, zeigen sie den Erwachsenen, dass sie sie respektieren, und dass sie gut erzogen sind. Dank gegenseitigem Respekt kommen Kinder und Erwachsene gut miteinander aus.
   k.) Kinder lernen von Erwachsenen genauso, wie Erwachsene von Kindern lernen. Respekt im Umgang mit Kindern und ein aufmerksames Miteinander muss sein.

3. Welche Vorteile haben die öffentlichen Verkehrsmittel gegenüber den privaten (z.B Autos)?

   a.) Mit den öffentlichen Verkehrsmitteln zu fahren ist umweltfreundlich.
   b.) Das ist eine gute Alternative bei den steigenden Sprit-Preisen.
   c.) Wenn man mit der U-Bahn anstatt mit dem Auto fährt, kann man unterwegs z.B. ein Buch lesen.
   d.) Man braucht keine Parkplatzgebühren zu bezahlen, man muss nicht immer wieder zum Auto zurück und kann überall einsteigen.
   e.) Weil sie groß sind.
   f.) Öffentliche Verkehrsmittel sind sehr wichtig.
   g.) Man hat aber oft zu lange Wartezeiten und muss häufig umsteigen.
   h.) Ein Auto ist im privaten Besitz, ein Bus gehört einem Verkehrsunternehmen.
   i.) Es ist preisgünstiger, als mit meinem Auto von A nach B zu kommen.
   j.) Viele Leute haben keine Lust, ständig zu warten. Sie setzen sich lieber in ihr Auto und fahren los.
   k.) Die öffentlichen Verkehrsmittel sind billiger, oft schneller. Sie schonen die Nerven und man spart Parkhausgebühren.

4. Warum ist es besser, in einem Laden zu kaufen als im Internet zu bestellen?

   a.) Viele Online-Shops liefern aufgrund der Versandkosten erst ab einem bestimmten Mindestbestellwert an den Kunden.
   b.) Wegen der Sicherheit persönlicher Daten, wenn man mit Kreditkarte bestellt.
   c.) In Geschäften arbeiten Leute, die Rede und Antwort stehen, falls man eine Frage hat.
   d.) Wenn man Zeit hat, ist es besser, zu einem Laden zu gehen.
   e.) Es entstehen keine Versandkosten.
   f.) Im Laden kann man mit Bargeld zahlen, was ist im Internet nicht möglich ist.
   g.) Es macht mehr Spaß, im Laden einzukaufen.
   h.) Man kann seine Freundin oder seinen Freund zum Einkaufen mitnehmen.
   i.) Es gibt keine Lieferfristen. Die Ware kann sofort mitgenommen werden.
   j.) Manche Menschen bevorzugen ganz einfach den persönlichen Kontakt zum Verkäufer und die Möglichkeit, alles anfassen oder an- bzw. ausprobieren zu können. Das kann ein Onlineshop nicht bieten.
   k.) Besonders bei Kleidung ein Vorteil. Wenn man im Internet bestellt, muss die Ware auf dem Postweg zurückgeschickt werden, wenn sie nicht passt. In der Boutique nebenan kann man alles anprobieren.

5. Warum sollten Kinder und Jugendliche keinen Alkohol trinken?

   a.) Schulische Leistungen lassen nach.
   b.) Weil sie dadurch mit den Eltern Ärger bekommen.
   c.) Es geht in erster Linie um den Alkoholgehalt; nur deswegen ist es gesetzlich verboten. Wenn ein Bier also alkoholfrei ist (d.h. 0% Alkohol; die meisten „alkoholfreien" Biere haben trotzdem bis zu 0,5% Alkoholgehalt), ist das erlaubt.
   d.) Weil Kinder durch Alkohol besonders schnell vergiftet werden können.

- e.) Man darf sich in dem Alter an den Geschmack von Alkohol nicht gewöhnen.
- f.) Weil der Mensch unter Alkoholeinfluss nicht mehr klar denken und dann vielleicht Dinge tun, die sie sonst niemals tun würden.
- g.) Durch Alkoholkonsum verliert man seine Freunde.
- h.) Weil früher Alkoholkonsum einen großen Einfluss auf das spätere Leben hat.
- i.) Weil man nach Alkoholkonsum in der Diskothek nicht mehr tanzen kann.
- j.) Das macht keinen Spaß.
- k.) Vom Gesetz her darf man das nicht.

6. Was sollte man machen, wenn man sieht, dass jemand in einem Laden stiehlt?

- a.) Mein Verhalten hängt davon ab, wer geklaut hat und was geklaut wurde.
- b.) Man sollte etwas tun.
- c.) Die Polizei benachrichtigen.
- d.) Eine Anzeige machen, sonst kann man wegen Mitwisserschaft angeklagt werden.
- e.) Das ist nicht mein Problem.
- f.) Wenn in der Zeitung steht „Polizei bittet um Hinweise", dann zur Polizei gehen.
- g.) Es gehört ja nicht mir, deshalb muss ich auch niemanden anzeigen.
- h.) Mit dem Täter reden, ihn überzeugen.
- i.) Bei jedem Diebstahl muss man das anzeigen, sonst hören die Leute nicht auf und machen so weiter.
- j.) Ich würde irgendwie für Gerechtigkeit sorgen.
- k.) Man ist nicht gesetzlich verpflichtet, einen Diebstahl anzuzeigen, allerdings sollte man es tun.
- l.) Ich würde nur dann eine Anzeige erstatten, wenn jemand bei mir was geklaut hätte.

7. Wie kann man Krankheiten vorbeugen?

- a.) Sich über die Krankheiten informieren.
- b.) Regelmäßig Gesundheitschecks machen.
- c.) Viele Vitamine zu sich nehmen. Das beugt Erkältungen sehr gut vor.
- d.) Durch eine gesunde Lebensweise mit regelmäßiger Bewegung und einer ausgewogenen Ernährung.
- e.) Immer warmhalten, öfters Tee trinken.
- f.) Nicht so lange draußen bleiben.
- g.) Gut lüften bevor man schlafen geht.
- h.) Händewaschen, gründlich mit Seife. An den Händen kleben die meisten Krankheitserreger! So wird ein Großteil der Bakterien und Viren entfernt.
- i.) Zwiebelsuppe, heiße Milch mit Honig helfen sehr.

8. Nenne eine Ursache für die Umweltverschmutzung.

- a.) Es ist wirtschaftlich viel sinnvoller, die Umwelt zu schonen.
- b.) Zimmer nicht aufräumen.

- c.) In Deutschland gibt es durchaus ein Umweltbewusstsein.
- d.) Die Fabriken verschmutzen die Umwelt.
- e.) Produktion von Fleisch.
- f.) Naturkatastrophen.
- g.) Am meisten wird der Umwelt durch Industrien geschadet, die sich größtenteils im Ausland befinden.
- h.) Umweltverschmutzung erfolgt eigentlich immer über die Luft oder das Wasser. Je nachdem, was verbrannt wird oder was sich im Abwasser befindet.
- i.) Müll soll getrennt werden.
- j.) Atommüll, Autos, Flugzeuge, Müll, PKW-Abgase.
- k.) Schmutziges Geschirr stehenlassen.
- l.) Der Mensch verschmutzt die Umwelt.
- m.) Wenn man ein Bad nimmt, anstatt zu duschen.

9. Sollte man in der Bahn aufstehen, wenn ältere Menschen einsteigen und kein Platz frei ist? Wenn ja, warum?

- a.) Ich stehe nicht auf.
- b.) Ältere Menschen sind gesundheitlich im Nachteil. Das sollte man berücksichtigen.
- c.) Anstand ist scheinbar ein Relikt aus der Vergangenheit.
- d.) Ja. Das ist eine Form von Höflichkeit gegenüber dem Alter.
- e.) Eigentlich sollte es so sein. Ich bin noch so erzogen worden.
- f.) Ich fahre zwar nicht oft mit öffentlichen Verkehrsmitteln, mir ist aber schon lange aufgefallen, dass kaum noch jemand aufsteht, um einem Älteren seinen Platz anzubieten.
- g.) Unbedingt. Das gehört zur guten Erziehung.
- h.) Allerdings bin ich darüber nicht mehr verwundert, weil das heute offensichtlich normal ist.
- i.) Das sind ältere Menschen, und allein aus Respekt muss man das tun.
- j.) Wenn sie sichtlich einen Platz brauchen und mich darum höflich bitten, dann ja.

10. Warum sind Gesetze notwendig?

- a.) Manche Staatsgrenzen müssen kontrolliert werden.
- b.) Sie bestimmen, wie man sich am Tisch benimmt.
- c.) Durch Gesetze wird Gerechtigkeit gewährleistet.
- d.) Um Menschen zu bestrafen.
- e.) Ohne Gesetze hätten wir Anarchie und Chaos in der Welt.
- f.) Es ist wichtig, im Straßenverkehr Vorschriften und Regeln zu haben.
- g.) Sie haben der gerechten Ausgewogenheit unter den Menschen und dem Gemeinwohl zu dienen.
- h.) Damit ein Verbrecher erwischt wird.

(Lösungen S. 258–260)

9. Untertest — Symbole finden (SF) / Max. 2 Min. für 45 Items

Aufgaben: Vergleiche zwei Zielsymbole und die Suchgruppe, die aus 5 Symbolen besteht, und gebe an, ob sich eines der beiden Zielsymbole in der Suchgruppe befindet.

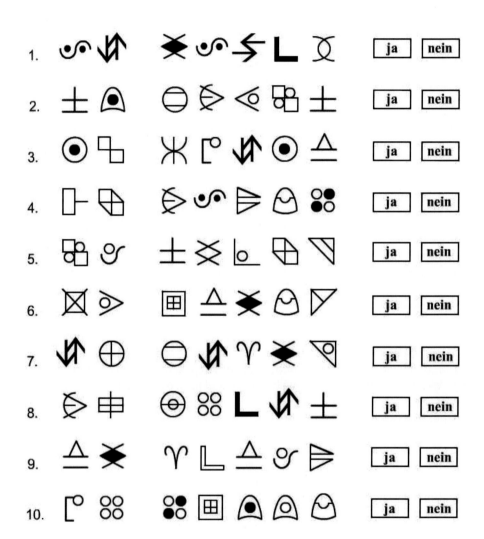

11.		ja nein
12.		ja nein
13.		ja nein
14.		ja nein
15.		ja nein
16.		ja nein
17.		ja nein
18.		ja nein
19.		ja nein
20.		ja nein
21.		ja nein
22.		ja nein

23.			ja / nein
24.			ja / nein
25.			ja / nein
26.			ja / nein
27.			ja / nein
28.			ja / nein
29.			ja / nein
30.			ja / nein
31.			ja / nein
32.			ja / nein
33.			ja / nein
34.			ja / nein

(Lösungen S. 260)

10. Untertest — Tatsache oder Meinung (TM) / Max. 10 Sek. pro Aufgabe

Aufgaben: Ist diese Aussage Tatsache oder Meinung?

1. Die Sonne ist kein Planet.
2. Alle Zugvögel fliegen in den Süden.
3. Fremdsprachen sind schwer zu lernen.
4. Ein Spiegel vertauscht rechts und links.
5. 71% der Erdoberfläche sind von Meeren bedeckt.
6. Jetzt gibt es mehr Menschen auf der Welt, als jemals in der Geschichte der Menschheit gestorben sind.
7. Der Klimawandel verändert unsere Welt.
8. Vegetarier sind beim Essen eingeschränkt.
9. Es gibt Leben auf dem Mars.
10. Pharaonen waren die Könige des alten Ägypten.

(Lösungen S. 260)

11. Untertest — Bilder durchstreichen (BD) / Max. 1 Min. für 320 Items

Aufgaben: Finde möglichst viele Zielbilder.

Zielbilder:

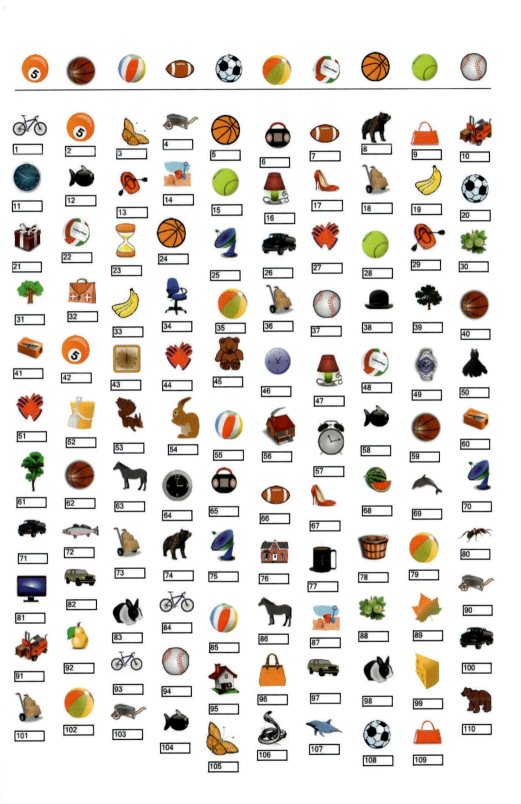

12. Untertest — Allgemeinwissen (AW) / Keine Zeitvorgabe

Aufgaben: Beantworte folgende Wissensfragen.

1. Welcher Monat kommt nach April?

   a) Juni　　　b) Februar　　　c) März　　　d) Mai

2. Wie nennt man eine selbstgeschriebene Lebensgeschichte?

   a) Geschichte　　　b) Fabel　　　c) Biographie　　　d) Märchen

3. Was ist ein Zeppelin?

   a) ein Zäpfchen　　　b) ein Luftkissenboot　　　c) ein Luftschiff　　　d) ein Heißluftballon

4. Wie heißen die Adern, die das Blut vom Herzen in den Körper transportieren?

   a) Venen　　　b) Arterien　　　c) Sehnen　　　d) Muskeln

5. Welcher Kosmonaut war 1961 der erste Mensch im Weltraum?

   a) Neil Armstrong　　　b) Gus Grissom　　　c) Juri Gagarin　　　d) Laika

6. Wer war Nofretete?

   a) Königin　　　b) Sklavin　　　c) Prinzessin　　　d) Göttin

7. Was misst ein Echolot?

   a) Wassertiefe　　　b) Temperatur　　　c) Geschwindigkeit　　　d) Zeit

8. In welchem Land wurde das Porzellan erfunden?

   a) Russland　　　b) Indien　　　c) Deutschland　　　d) China

9. Wie entstehen Farben?

   a) Luft verbindet sich mit Licht　　　b) wenn bestimmte Pigmente vorhanden sind　　　c) wenn man die Augen öffnet　　　d) wenn unser Sehsystem den Sinnesreiz verarbeitet

10. Wer war Immanuel Kant?

    a) Sänger　　　b) Philosoph　　　c) Maler　　　d) Physiker

(Lösungen S. 261)

13. Untertest Figurenreihen (FR) / Keine Zeitvorgabe

Aufgaben: Welche Figur ergänzt die Reihe logisch?

1

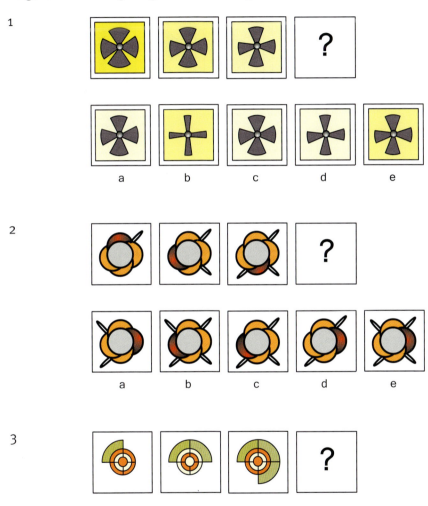

2

3

4

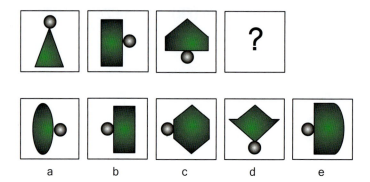

5

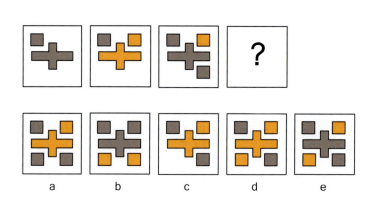

6

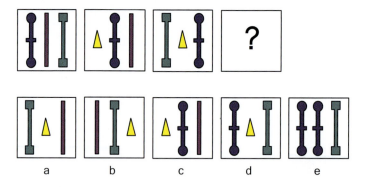

7

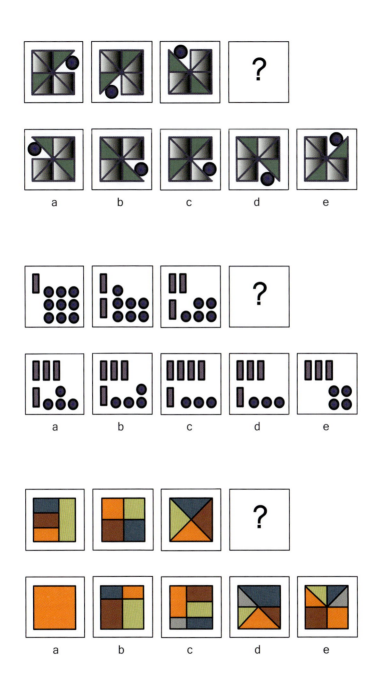

10

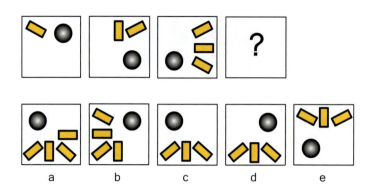

(Lösungen S. 261)

14. Untertest Wörter erkennen (WE) / Keine Zeitvorgabe

Aufgaben: Was ist das? Finde die Begriffe heraus.

1. Es ist eine rechtlich geregelte Einrichtung, und sie führt öffentliche Aufgaben durch. Sie hat Dienststellen.

2. Es ist etwas, was in unserem Kopf entsteht, und das ist unsere kreative Fähigkeit. Die Fähigkeit, sich etwas in Gedanken auszumalen.

3. Es ist etwas, was die meisten Menschen nicht mögen, und es wird durch Behörden vorgenommen. Es gibt den Menschen die Angaben zu einem Sachverhalt.

4. Das machen Clowns, Schauspieler, Doppelgänger und auch Menschen, die genauso sein wollen, wie die anderen, so dass man die andere Person wiedererkennt.

5. Es ist eine Angabe der Position, und sie wird noch als Ausdehnung senkrecht nach unten bezeichnet.

6. Es ist etwas, was jeder Mensch braucht, und er kann ohne ihn nicht auskommen. Es ist ein Zustand.

7. Es ist etwas, was man manchmal verliert, wenn man nicht in Ruhe gelassen wird oder wenn man Schwierigkeiten oder Leiden nicht ertragen kann.

8. Es ist das kleinste Stück Materie, das zerlegt werden kann.

9. Es ist ein Stoff, der sich unter Einwirkung von Feuchtigkeit auf der Oberfläche von Gegenständen aus Eisen oder Stahl bildet.

10. Es ist etwas, was man macht, wenn der andere etwas nicht begreift. Dann wird ein Sachverhalt deutlich gemacht, so dass der andere ihn versteht, und es ist auch die Aufgabe eines Lehrers.

(Lösungen S. 262)

15. Untertest
Zahlen und Symbole (ZS) / Max. 2 Min. für 126 Items

Aufgaben: Fülle die Kästchen mit Symbolen aus.

Schlüssel:

1	2	3	4	5	6	7	8	9
ᗡ	T	✕	♌	✓	△	&	#	O

2	5	3	4	1	5	1	6	4	3	1	2	6	3	5	1	4	6	2	6	3

3	6	7	1	4	7	6	2	3	4	6	5	7	1	2	4	5	3	7	3	6

5	3	2	1	8	2	5	7	1	7	8	2	7	1	8	5	1	7	5	3	8

4	9	2	8	2	9	1	7	8	5	1	5	8	5	7	1	9	3	5	8	1

8	3	6	1	7	9	4	5	3	2	4	9	3	4	3	6	8	3	7	1	4

7	5	1	4	6	2	3	9	4	5	8	1	3	9	6	4	1	8	7	4	5

(Lösungen S. 262–263)

16. Untertest — Wörter gruppieren (WG) / Max. 20 Sek. für 56 Items

Aufgaben: Finde alle Wörter, die Gefühle und Stimmungen ausdrücken.

wohlhabend	einsam	erfrischend	traurig
genervt	loben	überführt	mächtig
vollzählig	teuer	prickelnd	verdoppeln
büßen	verstellt	wütend	roh
verdienen	ausgebüxt	untergebracht	lächeln
gefallen	schwer	legen	passen
zögern	überlegen	geboren	gemästet
putzig	loben	eingenistet	überrascht
schüchtern	begeistert	schaukeln	anwesend
pünktlich	verschwenderisch	geteilt	fliegen
perfekt	lebendig	gerufen	pfiffig
häuslich	empört	weinen	gedreht
vorsichtig	aktiv	geschenkt	kalt
überholt	herausfinden	rufen	entschlossen

(Lösungen S. 263)

Lösungen zu den Probeaufgaben für Erwachsene

Sprachverständnis

Wortschatz (WS) / Max. Rohwertsumme: 20 Punkte   (S. 22)

1.) 2 Punkte: c, g / 1 Punkt: b, d, e   2.) 2 Punkte: b, d, h / 1 Punkt: c, e, i   3.) 2 Punkte: a, c, i / 1 Punkt: e, f, h, j   4.) 2 Punkte: c, g, j / 1 Punkt: b, d   5.) 2 Punkte: c, f / 1 Punkt: e, g, h   6.) 2 Punkte: a, f, i / 1 Punkt: b, g   7.) 2 Punkte: d, g / 1 Punkt: b, c   8.) 2 Punkte: c, i, j / 1 Punkt: b   9.) 2 Punkte: c, f, g / 1 Punkt: d, h   10.) 2 Punkte: c, d, i / 1 Punkt: b, g

Umrechnungstabelle für den Untertest Wortschatz / Max. Punkte: 10

Rohwertsumme	Punkte	Rohwertsumme	Punkte
1–2	1	11–12	6
3–4	2	13–14	7
5–6	3	15–16	8
7–8	4	17–18	9
9–10	5	19–20	10

Allgemeines Verständnis (AV) / Max. Rohwertsumme: 20 Punkte   (S. 25)

1.) 2 Punkte: a, e / 1 Punkt: h, i   2.) 2 Punkte: a, e / 1 Punkt: b, g   3.) 2 Punkte: g / 1 Punkt: a, c   4.) 2 Punkte: d, e, i / 1 Punkt: c, f, h   5.) 2 Punkte: c, e, h, k / 1 Punkt: d, j   6.) 2 Punkte: a, b, f, h / 1 Punkt: d, e, j   7.) 2 Punkte: c, e, g, h / 1 Punkt: a, b   8.) 2 Punkte: c, d, g / 1 Punkt: a, f, h   9.) 2 Punkte: c, e / 1 Punkt: g   10.) 2 Punkte: f, g / 1 Punkt: a, b, e

Umrechnungstabelle für den Untertest Allgemeines Verständnis / Max. Punkte: 10

Rohwertsumme	Punkte	Rohwertsumme	Punkte
1–2	1	11–12	6
3–4	2	13–14	7
5–6	3	15–16	8
7–8	4	17–18	9
9–10	5	19–20	10

Lösungshinweise Allgemeines Verständnis (S. 25)

1. Abitur bezeichnet die allgemeine Hochschulreife. Das ist die Berechtigung, ein Studium an einer Universität oder einer Fachhochschule aufnehmen zu dürfen.

2. Arbeitslosigkeit hat zwei Gesichter. Am Anfang ist es nicht so schlimm, eher so wie etwas mehr Urlaub. Aber je länger man arbeitslos ist, desto belastender wird die Situation. Es ist schwierig, mit immer weniger Geld auszukommen. Man kann plötzlich nicht mehr mithalten mit denen, die noch Arbeit haben. Die Teilhabe am gesellschaftlichen Leben wird sehr eingeschränkt.

3. Durch die Zahlung der Hundesteuer erwirbt der Hundehalter kein Recht auf irgendeine Gegenleistung. Die Einnahmen gehen in die allgemeine kommunale Haushaltskasse. Hundesteuer ist eine Ordnungssteuer, die die Anzahl der Hunde in einer Stadt begrenzen soll.

4. Für jedes Radio- oder Fernsehgerät muss man generell GEZ-Gebühren bezahlen. Alle Empfänger bezahlen für ihre Radio- und / oder TV-Geräte und ermöglichen so ein relativ unabhängiges (öffentlich-rechtliches) Programm, weitgehend frei von Einflüssen des Staats oder von Werbekunden. So sollte es auch ermöglicht werden, dass neben Unterhaltung auch Themen aus Sport, Kultur, Politik, Wirtschaft usw. einen Platz in Radio und Fernsehen bekommen.

5. Demokratie (wörtlich: Herrschaft des Volkes) ist ein politisches System, bei dem das Volk eine wesentliche mitbestimmende Funktion einnimmt. Typische Merkmale einer Demokratie sind freie Wahlen, das Mehrheitsprinzip, die Respektierung politischer Opposition, Verfassungsmäßigkeit und Schutz der Grundrechte.

6. Mit einer Weiterbildung aktualisiert und erweitert man sein Wissen. Zusätzlich sichert man so seine Arbeitsstelle und eröffnet sich neue Möglichkeiten. Man bleibt mit einer Weiterbildung auf dem Laufenden und gewinnt auf beruflicher wie auch auf privater Ebene mehr Sicherheit.

7. Das Rauchen bringt dem Staat jährlich Milliarden von Euros für den Staatshaushalt ein, somit ist die Tabaksteuer finanziell gesehen gar nicht mehr wegzudenken. Doch leider bringt das Rauchen besonders dem Gesundheitssystem erhöhte Kosten, weil Raucher wesentlich öfter krank sind und besonders im Alter mit erhöhten Gesundheitskosten zu rechnen ist. Außerdem sterben Raucher durchschnittlich 10 Jahr früher, als lebenslange Nichtraucher.

8. In Deutschland hat man als Kassenpatient im Rahmen der Vorsorgeuntersuchungen ab dem 35. Geburtstag alle 2 Jahre Anspruch auf eine Gesundheitsuntersuchung, um Erkrankungen wie Diabetes, Erkrankungen der Nieren oder des Herz-Kreislaufsystems vorzubeugen. Diese wird von der gesetzlichen Krankenversicherung übernommen.

9. Da man als Gruppe mehr bewegen kann im Vergleich zum Einzelnen, schließen sich Bürger zu dieser Art von Vereinigung zusammen. Für das Funktionieren unserer Demo-

kratie sind Parteien unerlässlich, da sie Interessen in der Gesellschaft bündeln und diese zusammen mit Lösungsvorschlägen für politische Probleme artikulieren.

10. Einige Maßnahmen gegen Mobbing: möglichst viele Menschen informieren (Eltern und Schule), sofort beginnen, Beweise zu sammeln. Rechtsberatung aufsuchen, Anzeige erstatten. Mobber nach Sicherung der Beweise bannen und an die Seitenbetreiber melden. Man sollte immer möglichst wenig Angriffsfläche bieten. Nur Leuten Kontakt ermöglichen, denen man vertraut. Möglichst keine Fotos ins Netz stellen und nicht zu viel Persönliches verraten.

Wörter erkennen (BE) / Max. Punkte: 10   (S. 29)

1.) Pass, Geburtsurkunde, Ausweis, Personalausweis 2.) Gegnerschaft, Wettstreit, Wettbewerb, Rivalität, Konkurrenz 3.) Chlorophyll 4.) Künstlicher Verkehrsweg, Straße, Kanal, Transportweg, Tunnel, Brücke 5.) Instruktion, Anleitung, Anweisung, Einarbeitung, Einführung, Einweisung, Direktive, Verhaltensregeln, Befehl, Bestimmung, Diktat, Erlass, Gebot, Dekret, Leitlinie, Regelung, Verfügung, Verordnung, Vorgabe, Vorschrift 6.) Republik 7.) Sport, körperliche Aktivität, Bewegung 8.) Bibliothek, Bücherei 9.) Demonstration, Blockade, Streik, Kundgebung, Schweigemarsch, Protest, Mahnwache 10.) Hieroglyphen, die ägyptische Bilderschrift

Allgemeinwissen (AV) / Max. Punkte: 10   (S. 31)

1.) c. 46 2.) b. Riesen mit einem Auge auf der Stirn 3.) d. Kinematograf 4.) a. Stickstoff und Sauerstoff 5.) a. Rauch: kleine Partikel, Nebel: kleine Wassertropfen 6.) a. Psychoanalytiker 7.) b. Candela 8.) c. Eine Provision 9.) d. Regenwürmer 10.) c. Chinesisch

Verarbeitungskapazität

Eingekleidete Rechenaufgaben (ER) / Max. Punkte: 10   (S. 34)

1.) 8 kg 2.) 45 Tage 3.) 17,5 Liter 4.) 80 ml 5.) 96 Euro 6.) 11 Uhr 7.) 16 Müllwagen 8.) 30 9.) 72 Euro 10.) 16 Kilo

Wortanalogien (WA) / Max. Punkte: 10   (S. 36)

1.) d. Orange 2.) c. Stift 3.) c. Körper 4.) e. Bild 5.) c. Stunde 6.) b. Verbindung 7.) a. Afrika 8.) e. Tropfen 9.) b. Haus 10.) d. süß

Tatsache oder Meinung (TM) / Max. Punkte: 10   (S. 38)

1.) Tatsache   2.) Meinung   3.) Tatsache   4.) Tatsache   5.) Meinung   6.) Meinung
7.) Meinung   8.) Tatsache   9.) Meinung   10.) Meinung

Gemeinsamkeiten (GM) / Max. Rohwertsumme: 20 Punkte   (S. 40)

1.) 2 Punkte: c, i / 1 Punkt: e, f, h   2.) 2 Punkte: d, e, i / 1 Punkt: a, f, g, j   3.) 2 Punkte: b, c, i / 1 Punkt: d   4.) 2 Punkte: b, h, j / 1 Punkt: c, f   5.) 2 Punkte: b, c, f / 1 Punkt: j   6.) 2 Punkte: b, i / 1 Punkt: g   7.) 2 Punkte: c, d, g / 1 Punkt: i   8.) 2 Punkte: e, g, i / 1 Punkt: c, h   9.) 2 Punkte: f, g, h / 1 Punkt: a   10.) 2 Punkte: a, c / 1 Punkt: b, e, g, i

Umrechnungstabelle für den Untertest Gemeinsamkeiten / Max. Punkte: 10

Rohwertsumme	Punkte	Rohwertsumme	Punkte
1–2	1	11–12	6
3–4	2	13–14	7
5–6	3	15–16	8
7–8	4	17–18	9
9–10	5	19–20	10

Logisches Denken

Bildentwurf (BE) / Max. Punkte: 10   (S. 45)

1.) 2 und 4   2.) 2 und 4   3.) 3 und 5   4.) 3 und 4   5.) 3 und 5   6.) 2, 5 und 7
7.) 3, 5 und 9   8.) 2, 7 und 10   9.) 1, 6 und 9   10.) 2, 7 und 9

Matrizen (MZ) / Max. Punkte: 10   (S. 49)

1.) e   2.) c   3.) a   4.) d   5.) c   6.) c   7.) b   8.) a   9.) d   10.) e

Logisches Ergänzen (LE) / Max. Punkte: 10   (S. 53)

1.) Eine Null in der Mitte   2.) Der Kontinent Afrika   3.) Rosa Tinte   4.) Ein Bein
5.) Eigelb   6.) Eine Beißzange   7.) Ein Schnürsenkel bei dem Schuh rechts
8.) Der Buchstabe „E"   9.) Ein Ball   10.) Ein Griff

Figurenreihen (FR) / Max. Punkte: 10   (S. 56)

1.) c. Aus Kreisen gebildete schwarze Linie bewegt sich von der oberen linken Ecke in die untere rechte Ecke.   2.) c. Die Hälfte der Länge der Linie knickt nach jedem Schritt um 45° entgegen dem Uhrzeigersinn. Das graue innere Rechteck wandert bei jeder nächsten Figur im Uhrzeigersinn um 90° weiter.   3.) d. Zwei Teile der Figur werden nacheinander gespiegelt.   4.) b. Der innere Kreis wird abwechselnd grün und gelb. Der Strich sowie das grüne Rechteck drehen sich um 45° im Uhrzeigersinn.   5.) d. Aus jedem dritten Achtelkreis bewegt sich ein Pfeil im Uhrzeigersinn.   6.) d. Die Anzahl von Linien, die das Quadrat in die Sektoren aufteilen, nimmt im Uhrzeigersinn um 1 ab. Die großen und die kleinen Kreise positionieren sich abwechselnd auf den schrägen und auf den horizontalen und vertikalen Linien.   7.) c. Die Figur wird jeweils mit zwei blauen Rechtecken vervollständigt. Nach zwei blauen kommt ein rotes Rechteck.   8.) e. Im Uhrzeigersinn bewegt sich jeder zweite Kreis in den inneren Sektor. Dabei verändert sich seine Größe.   9.) b. Der Pfeil dreht sich um 90° im Uhrzeigersinn. Das Quadrat bewegt sich gegen den Uhrzeigersinn in die nächste Ecke.   10.) b. Die Figur in der Mitte bewegt sich um eine Position nach links. Jede erste Figur wird dabei nach hinten umgestellt. Die Farbe der Figuren wechselt sich ab.

Bearbeitungsgeschwindigkeit

Symbole finden (SF) / Rohwertsumme Max. 45 Punkte   (S. 62)

1.) nein   2.) nein   3.) ja   4.) ja   5.) ja   6.) ja   7.) nein   8.) ja   9.) ja   10.) ja
11.) nein   12.) ja   13.) ja   14.) nein   15.) nein   16.) ja   17.) nein   18.) ja   19.) ja
20.) ja   21.) nein   22.) ja   23.) nein   24.) ja   25.) nein   26.) ja   27.) ja   28.) nein
29.) nein   30.) nein   31.) ja   32.) nein   33.) nein   34.) nein   35.) nein   36.) ja
37.) nein   38.) ja   39.) nein   40.) ja   41.) nein   42.) ja   43.) nein   44.) nein   45.) ja

Umrechnungstabelle für den Untertest Symbole finden / Max. Punkte: 10

Rohwertsumme	Punkte	Rohwertsumme	Punkte
0–16	1	29–30	6
17–20	2	31–32	7
21–23	3	33	8
24–25	4	34	9
26–28	5	35	10

Bilder durchstreichen (BD) / Max. Rohwertsumme: 60 Punkte   (S. 66)

3, 11, 14, 16, 18, 29, 34, 38, 40, 45, 53, 56, 58, 62, 73, 80, 82, 86, 106, 110, 122, 126, 133, 137, 144, 147, 153, 158, 166, 174, 181, 183, 185, 188, 194, 200, 202, 209, 214, 218, 223, 234, 236, 238, 240, 242, 249, 253, 256, 263, 268, 272, 276, 279, 285, 287, 302, 304, 315, 317.

Umrechnungstabelle für den Untertest Bilder durchstreichen / Max. Punkte: 10

Rohwertsumme	Punkte	Rohwertsumme	Punkte
0–32	1	55–56	6
33–38	2	57	7
39–44	3	58	8
45–50	4	59	9
51–54	5	60	10

Wörter gruppieren (WG) / Max. Punkte: 10   (S. 71)

Vorpolierer, Tierarzt, Lehrer, Orthoptist, Ergotherapeut, Informatiker, Goldschmied, Dolmetscher, Pilot, Verkäufer

Zahlen und Symbole (ZS) / Max Rohwertsumme: 126 Punkte

Umrechnungstabelle für den Untertest Zahlen und Symbole / Max. Punkte: 10

Rohwertsumme	Punkte	Rohwertsumme	Punkte
0–36	1	73–82	6
37–45	2	83–91	7
46–54	3	92–100	8
55–63	4	101–105	9
64–72	5	106–126	10

Lösungen: Zahlen und Symbole (S. 74)

2	5	3	4	1	5	1	6	4	3	1	2	6	3	5	1	4	6	2	6	3
O	=	↑	♈	[	=	[	↓	♈	↑	[	O	↓	↑	=	[	♈	↓	O	↓	↑

3	6	7	1	4	7	6	2	3	4	6	5	7	1	2	4	5	3	7	3	6
↑	↓	L	[	♈	L	↓	O	↑	♈	↓	=	L	[	O	♈	=	↑	L	↑	↓

5	3	2	1	8	2	5	7	1	7	8	2	7	4	8	5	1	7	5	3	8
=	↑	O	[	∽	O	=	L	[	L	∽	O	L	♈	∽	=	[	L	=	↑	∽

4	9	2	8	2	9	4	7	8	5	1	5	4	4	7	1	9	3	5	8	1
♈	•	O	∽	O	•	♈	L	∽	=	[	=	♈	♈	L	[	•	↑	=	∽	[

8	3	6	1	7	9	4	5	3	2	4	9	3	4	3	6	8	3	7	1	4
∽	↑	↓	[	L	•	♈	=	↑	O	♈	•	↑	♈	↑	↓	∽	↑	L	[	♈

7	5	1	4	6	2	3	9	4	5	8	1	3	9	6	4	1	8	7	4	5
L	=	[	♈	↓	O	↑	•	♈	=	∽	[	↑	•	↓	♈	[	∽	L	♈	=

Auswertung zu den Probeaufgaben für Erwachsene (Kopiervorlage)

Name: _____

Tabellarische Darstellung der Ergebnisse (Durchschnittswerte)

Tragen Sie die Punktzahlen für die gelösten Untertests in diesen Bogen ein. Berechnen Sie Ihre durchschnittliche Leistung in den einzelnen Bereichen.

Sprachverständnis				Verarbeitungskapazität				Logisches Denken				Bearbeitungsgeschwindigkeit			
WS	AV	WE	AW	ER	WA	TM	GM	BE	MZ	LE	FR	SF	BD	WG	ZS
Durchschnitt (Punkte):				Durchschnitt (Punkte):				Durchschnitt (Punkte):				Durchschnitt (Punkte):			

Untertest-Punkte-Profil

Verbinden Sie die Punkte, die Ihrer Leistung entsprechen. Sie erhalten Ihr persönliches Untertest-Punkte-Profil.

Sprachverständnis				Verarbeitungskapazität				Logisches Denken				Bearbeitungsgeschwindigkeit				Punkte
WS	AV	WE	AW	ER	WA	TM	GM	BE	MZ	LE	FR	SF	BD	WG	ZS	
•	•	•	•	•	•	•	•	•	•	•	•	•	•	•	•	1
•	•	•	•	•	•	•	•	•	•	•	•	•	•	•	•	2
•	•	•	•	•	•	•	•	•	•	•	•	•	•	•	•	3
•	•	•	•	•	•	•	•	•	•	•	•	•	•	•	•	4
•	•	•	•	•	•	•	•	•	•	•	•	•	•	•	•	5
•	•	•	•	•	•	•	•	•	•	•	•	•	•	•	•	6
•	•	•	•	•	•	•	•	•	•	•	•	•	•	•	•	7
•	•	•	•	•	•	•	•	•	•	•	•	•	•	•	•	8
•	•	•	•	•	•	•	•	•	•	•	•	•	•	•	•	9
•	•	•	•	•	•	•	•	•	•	•	•	•	•	•	•	10

Lösungen zu den Testaufgaben für das Alter 8–9 Jahre

1. Untertest: Logisches Ergänzen (LE) / Max. Punkte: 10   (S. 80)

1.) Die Zeiger   2.) Ein Bein   3.) Die Flamme einer Kerze auf der Torte   4.) Ein Schuh   5.) Der Deckel   6.) Eine Schraube   7.) Ein Nasenloch   8.) Die Füße, die sich am Ast festklammern   9.) Flossen auf der Unterseite des oberen Fisches   10.) Griffe am Fenster

2. Untertest: Gemeinsamkeiten (GM) / Max. Rohwertsumme: 20 Punkte   (S. 82)

1.) 2 Punkte: b, h / 1 Punkt: d, e   2.) 2 Punkte: b, j / 1 Punkt: a, g   3.) 2 Punkte: i, j / 1 Punkt: d, f, h   4.) 2 Punkte: d, g, j / 1 Punkt: a, e, i   5.) 2 Punkte: d, j / 1 Punkt: i   6.) 2 Punkte: a, g / 1 Punkt: d, j   7.) 2 Punkte: c, j / 1 Punkt: d, g   8.) 2 Punkte: c, f / 1 Punkt: g, h   9.) 2 Punkte: c, e / 1 Punkt: f, i   10.) 2 Punkte: h / 1 Punkt: g, i

Umrechnungstabelle für den Untertest Gemeinsamkeiten / Max. Punkte: 10

Rohwertsumme	Punkte	Rohwertsumme	Punkte
1–2	1	11–12	6
3–4	2	13–14	7
5–6	3	15–16	8
7–8	4	17–18	9
9–10	5	19–20	10

3. Untertest: Eingekleidete Rechenaufgaben (ER) / Max. Punkte: 10   (S. 84)

1.) 8 Elektrogeräte   2.) 9 Fische   3.) 2 Eimer Milch   4.) 10 Vögel   5.) 8 rote Blumen   6.) 10 Katzen   7.) 1 Zwiebel und 2 Zucchini   8.) 4 Gepäckstücke   9.) 11 Bäume   10.) 5 Eier

4. Untertest: Wortanalogien (WA) / Max. Punkte: 10   (S. 87)

1.) e. Handschuh   2.) c. März   3.) d. fliegen   4.) a. Gemüse   5.) e. Millimeter   6.) b. schneiden   7.) c. Brot   8.) a. Messer   9.) d. essen   10.) c. Wäschetrockner

5. Untertest: Bildentwurf (BE) / Max. Punkte: 10   (S. 88)

1.) 2 und 3   2.) 1 und 4   3.) 1 und 5   4.) 1 und 4   5.) 1, 6 und 7   6.) 2, 4 und 9
7.) 1, 5 und 9   8.) 2, 6 und 7   9.) 2, 5 und 11   10.) 4, 7 und 9

6. Untertest: Wortschatz (WS) / Max. Rohwertsumme: 20 Punkte   (S. 90)

1.) 2 Punkte: b, i, j / 1 Punkt: d, e, f, h   2.) 2 Punkte: c, e, f, i / 1 Punkt: a   3.) 2 Punkte: b, f, i / 1 Punkt: a, d, h   4.) 2 Punkte: a, f / 1 Punkt: c, g, h   5.) 2 Punkte: b, i / 1 Punkt: c, d, h   6.) 2 Punkte: a, b, c, g, i / 1 Punkt: j   7.) 2 Punkte: b, e, i / 1 Punkt: a, d, h   8.) 2 Punkte: d, g / 1 Punkt: b, h, j   9.) 2 Punkte: b, d, j / 1 Punkt: e, g   10.) 2 Punkte: a, c, g / 1 Punkt: d, i, j

Umrechnungstabelle für den Untertest Wortschatz / Max. Punkte: 10

Rohwertsumme	Punkte
1–2	1
3–4	2
5–6	3
7–8	4
9–10	5

Rohwertsumme	Punkte
11–12	6
13–14	7
15–16	8
17–18	9
19–20	10

7. Untertest: Matrizen (MZ) / Max. Punkte: 10   (S. 93)

1.) d   2.) c   3.) b   4.) e   5.) a   6.) a   7.) b   8.) b   9.) a   10.) c

8. Untertest: Allgemeines Verständnis (AV) / Max. Rohwertsumme: 20 Punkte   (S. 96)

1.) 2 Punkte: c, i / 1 Punkt: e, f, h   2.) 2 Punkte: b, c, e, i / 1 Punkt: f   3.) 2 Punkte: b, g, j / 1 Punkt: d, e, f, k, l   4.) 2 Punkte: b, d, h, j / 1 Punkt: e, g   5.) 2 Punkte: c, g, j, k / 1 Punkt: a, i   6.) 2 Punkte: a, d, e, i / 1 Punkt: c, f, k   7.) 2 Punkte: c, f / 1 Punkt: a, e, g   8.) 2 Punkte: a, f, i / 1 Punkt: d, e   9.) 2 Punkte: b, e, g, i / 1 Punkt: a, d, h   10.) 2 Punkte: a, c, h / 1 Punkt: e

Umrechnungstabelle für den Untertest Allgemeines Verständnis / Max. Punkte: 10

Rohwertsumme	Punkte
1–2	1
3–4	2
5–6	3
7–8	4
9–10	5

Rohwertsumme	Punkte
11–12	6
13–14	7
15–16	8
17–18	9
19–20	10

Lösungshinweise zum Allgemeinen Verständnis

1. Man sollte sich regelmäßig die Hände waschen, um die Bakterien abzuwehren.

2. Das Essen wegzuschmeißen ist unmoralisch, weil andere hungern, weil es verschwenderisch ist, wegen der Wertschätzung.

3. Haustiere sind Freunde und treue Begleiter der Menschen.

4. Bildung ist ein Grundstein des Lebens. Wenn man sich in der Schule nicht anstrengt, bekommt man keinen guten Job. Außerdem ist es ein Bedürfnis des Menschen, gebildet zu sein.

5. Die Armut hat viele Ursachen. Oft finden die Menschen keine Arbeit, weil es keine Arbeit gibt oder sie haben keine Ausbildung. Weitere Gründe sind Überbevölkerung und Naturkatastrophen wie Überschwemmungen oder lange Dürrezeiten, die oft zu schlechten Ernten führen. In vielen Ländern fehlen Rohstoffe, um eine Industrie aufzubauen, die Arbeitsplätze schaffen könnte. Auch Kriege oder die Ausbeutung durch die eigenen Regierungen stürzen Menschen ins Elend. (Quelle: www.armut.de/aspekte-der-armut_ursachen-und-folgen-der-armut.php [Aufruf 20.4.16])

6. Der erste Hauptfaktor sind die Menschen, die z.B. durch das Fällen der Bäume eine Zerstörung des Lebensraums der Tiere verursachen. Der zweite Hauptfaktor ist die Klimaveränderung, woran die Menschen zum Teil auch schuld sind.

7. In einer Gemeinschaft, in der viele Menschen zusammenleben, ist es notwendig, dass alle Beteiligten sich an Vereinbarungen und Regeln halten.

8. Es ist eine natürliche Reaktion, dass das Gehirn Signale vom Körper erhält, welche ihm vermitteln, dass der Körper Erholung braucht.

9. Wenn man gute alte Sachen hat, die man nicht mehr braucht, schmeißt man diese oftmals einfach in den Müll. Oft gibt es aber noch Leute, die damit etwas anfangen können. Damit tut man der Umwelt gut.

10. Dicke Menschen sind in der Bewegung eingeschränkt und werden leider oft diskriminiert. Sie haben auch oft ein höheres Krankheitsrisiko, bspw. für Diabetes, Gelenkerkrankungen und Herz-Kreislauferkrankungen.

9. Untertest: Symbole finden (SF) / Max. Rohwertsumme: 45 Punkte   (S. 100)

1.) nein   2.) ja   3.) nein   4.) nein   5.) ja   6.) nein   7.) nein   8.) ja   9.) ja   10.) ja   11.) ja   12.) nein   13.) ja   14.) ja   15.) nein   16.) ja   17.) ja   18.) nein   19.) ja   20.) nein   21.) nein   22.) ja   23.) nein   24.) nein   25.) ja   26.) ja   27.) ja   28.) ja   29.) ja   30.) nein   31.) ja   32.) ja   33.) ja   34.) nein   35.) nein   36.) ja   37.) nein   38.) nein   39.) nein   40.) ja   41.) nein   42.) ja   43.) ja   44.) ja   45.) nein

Umrechnungstabelle für den Untertest Symbole finden / Max. Punkte: 10

Rohwertsumme	Punkte
0–3	1
4–7	2
8–10	3
10–12	4
13–15	5

Rohwertsumme	Punkte
16–19	6
20–22	7
23–27	8
28–30	9
31–45	10

10. Untertest: Tatsache oder Meinung (TM) / Max. Punkte: 10   (S. 104)

1.) Meinung   2.) Meinung   3.) Meinung   4.) Tatsache   5.) Meinung   6.) Tatsache   7.) Meinung   8.) Meinung   9.) Tatsache   10.) Tatsache

11. Untertest: Bilder durchstreichen (BD) / Max. Rohwertsumme: 60 Punkte   (S. 104)

2, 8, 10, 13, 19, 22, 26, 28, 33, 40, 43, 46, 56, 66, 73, 80, 85, 87, 89, 94, 105, 107, 114, 116, 123, 129, 133, 135, 137, 142, 147, 154, 158, 160, 163, 168, 182, 190, 215, 220, 222, 227, 229, 233, 234, 245, 253, 265, 270, 271, 273, 274, 281, 290, 295, 297, 303, 310, 312, 317

Umrechnungstabelle für den Untertest Bilder durchstreichen / Max. Punkte: 10

Rohwertsumme	Punkte
0–13	1
14–18	2
19–25	3
26–31	4
32–37	5

Rohwertsumme	Punkte
38–43	6
44–50	7
51–55	8
56–58	9
59–60	10

12. Untertest: Allgemeinwissen (AV) / Max. Punkte: 10   (S. 108)

1.) a. Mittwoch   2.) b. 4   3.) b. Ostsee   4.) c. Pflaume   5.) b. Berlin   6.) d. Osten   7.) c. Quark   8.) c. schmecken und tasten   9.) a. Wasser einfrieren   10.) b. alle 4 Jahre

13. Untertest: Figurenreihen (FR) / Max. Punkte: 10   (S. 109)

1.) c. Der Elefantenkopf wird in jedem nächsten Bild etwas größer.   2.) e. Im nächsten Bild gibt es immer eine Figur mehr. Die Ausrichtung der Figuren bleibt erhalten.   3.) a. Die rechte und die linke Seite der Weintraube wird abwechselnd lila. Der Stiel neigt sich abwechselnd nach rechts und nach links.   4.) d. Zwei verschiedene Gesichter wechseln sich ab.   5.) a. Die Figur wird jeweils um einen kleineren Winkel vervollständigt.   6.) c. Die Figur dreht sich um 45° im Uhrzeigersinn.   7.) e. In der Reihe befinden sich abwechselnd eine halbe und eine ganze Figur.   8.) a. Zwei Hälften der Figur entfernen sich immer weiter voneinander.   9.) b. Die Figuren wechseln sich ab.   10.) a. Im Uhrzeigersinn werden jeweils zwei kleine Rechtecke innen und außen weggenommen. Die Farbe wechselt sich ab.

14. Untertest: Wörter erkennen (WE) / Max. Punkte: 10   (S. 112)

1.) Katze   2.) Schule, Sandalen, Badelatschen, Stiefel, Hausschuhe, Socken, Strümpfe   3.) Zahnbürste, elektrische Zahnbürste, Zahnseide, Zahnpasta   4.) Regenbogen   5.) Auge, Augen   6.) Fahrrad, Ding mit Rädern und Pedalen   7.) Dieb, Verbrecher, Einbrecher, Bankräuber   8.) Tannenzapfen   9.) Dichter, Filmproduzent, Filmemacher, Maler, Schriftsteller, Künstler, Zeichner, Schauspieler, Liedermacher, macht kreative Werke, Schöpfer, seine Bilder/Zeichnungen/Skulpturen sind in einem Museum, er verdient Geld mit Kunst   10.) Krankheit, Krebs, Magengeschwür, Herzstillstand, Herzschlag, Tumor, Blitz, Hochwasser, Tsunami, Vulkanausbruch

15. Untertest: Zahlen und Symbole (ZS) / Max. Rohwertsumme: 126 Punkte (S. 113)

Umrechnungstabelle für den Untertest Zahlen und Symbole / Max. Punkte: 10

Rohwertsumme	Punkte
0–12	1
13–19	2
20–25	3
26–27	4
28–36	5

Rohwertsumme	Punkte
37–39	6
40–48	7
49–54	8
55–62	9
63–126	10

Lösungen: Zahlen und Symbole

16. Untertest: Wörter gruppieren (WG) / Max. Punkte: 10   (S. 114)

Eule, Hase, Fuchs, Reh, Maus, Raupe, Hund, Pferd, Ente, Schmetterling

Auswertung zu den Testaufgaben für das Alter 8–9 Jahre (Kopiervorlage)

Name des Kindes: _____

Tabellarische Darstellung der Ergebnisse (Durchschnittswerte)

Tragen Sie die Punktzahlen für die gelösten Untertests in diesen Bogen ein. Berechnen Sie die durchschnittliche Leistung Ihres Kindes in den einzelnen Bereichen.

Sprachverständnis				Verarbeitungskapazität				Logisches Denken				Bearbeitungsgeschwindigkeit			
WS	AV	WE	AW	ER	WA	TM	GM	BE	MZ	LE	FR	SF	BD	WG	ZS

Durchschnitt (Punkte):	Durchschnitt (Punkte):	Durchschnitt (Punkte):	Durchschnitt (Punkte):

Untertest-Punkte-Profil

Verbinden Sie die Punkte, die der Leistung Ihres Kindes entsprechen. Sie erhalten sein persönliches Untertest-Punkte-Profil.

Sprachverständnis				Verarbeitungskapazität				Logisches Denken				Bearbeitungsgeschwindigkeit				Punkte
WS	AV	WE	AW	ER	WA	TM	GM	BE	MZ	LE	FR	SF	BD	WG	ZS	
•	•	•	•	•	•	•	•	•	•	•	•	•	•	•	•	1
•	•	•	•	•	•	•	•	•	•	•	•	•	•	•	•	2
•	•	•	•	•	•	•	•	•	•	•	•	•	•	•	•	3
•	•	•	•	•	•	•	•	•	•	•	•	•	•	•	•	4
•	•	•	•	•	•	•	•	•	•	•	•	•	•	•	•	5
•	•	•	•	•	•	•	•	•	•	•	•	•	•	•	•	6
•	•	•	•	•	•	•	•	•	•	•	•	•	•	•	•	7
•	•	•	•	•	•	•	•	•	•	•	•	•	•	•	•	8
•	•	•	•	•	•	•	•	•	•	•	•	•	•	•	•	9
•	•	•	•	•	•	•	•	•	•	•	•	•	•	•	•	10

Lösungen zu den Testaufgaben für das Alter 9–10 Jahre

1. Untertest: Logisches Ergänzen (LE) / Max. Punkte: 10   (S. 116)

1.) Räder unter dem Anhänger   2.) Löcher im Gürtel   3.) 2 Zacken im oberen Teil des Blattes   4.) Ein Brillenglas links   5.) Zwei Tischbeine   6.) Ein Auge des Schneemanns   7.) Die Hinterbeine   8.) Die rechte Spitze der Antenne   9.) Die Speichen des Hinterrads   10.) Ein Teil des Trinkhalms

2. Untertest: Gemeinsamkeiten (GM) / Max. Rohwertsumme: 20 Punkte   (S. 118)

1.) 2 Punkte: a, e, f / 1 Punkt: c, d, h   2.) 2 Punkte: b, g / 1 Punkt: h, i, j   3.) 2 Punkte: b, j / 1 Punkt: c, d, f, h   4.) 2 Punkte: e / 1 Punkt: a, b, j   5.) 2 Punkte: b, d / 1 Punkt: f, i   6.) 2 Punkte: f, h / 1 Punkt: e, g, j   7.) 2 Punkte: a, h / 1 Punkt: b, c, f, i, j   8.) 2 Punkte: c, i / 1 Punkt: a, b, f   9.) 2 Punkte: i / 1 Punkt: h, j   10.) 2 Punkte: c, d, f / 1 Punkt: a, b, j

Umrechnungstabelle für den Untertest Gemeinsamkeiten / Max. Punkte: 10

Rohwertsumme	Punkte
1–2	1
3–4	2
5–6	3
7–8	4
9–10	5

Rohwertsumme	Punkte
11–12	6
13–14	7
15–16	8
17–18	9
19–20	10

3. Untertest: Eingekleidete Rechenaufgaben (ER) / Max. Punkte: 10   (S. 120)

1.) Jedes KInd bekommt 2 Äpfel, 1 Birne und 3 Kiwis. 1 Birne und 3 Kiwis bleiben übrig.   2.) 31 Euro   3.) 11 Pinguine   4.) 5 Säcke   5.) 16 Jahre   6.) 32 Schüler   7.) 14 Stunden   8.) 16 Frauen   9.) 6 Becher   10.) 31

4. Untertest: Wortanalogien (WA) / Max. Punkte: 10   (S. 121)

1.) c. sauer   2.) a. Tochter   3.) d. Buchstabe   4.) c. Milch   5.) d. Arm   6.) a. Loch   7.) d. Honig   8.) d. sechzehn   9.) d. fahren   10.) b. sehen

5. Untertest: Bildentwurf (BE) / Max. Punkte: 10   (S. 122)

1.) 1 und 4   2.) 1 und 4   3.) 2 und 4   4.) 1 und 5   5.) 1, 4 und 9   6.) 3, 4 und 8   7.) 2, 4 und 8   8.) 4, 7 und 9   9.) 3, 7 und 9   10.) 2, 7 und 12

6. Untertest: Wortschatz (WS) / Max. Rohwertsumme: 20 Punkte   /S. 124)

1.) 2 Punkte: d, e, i, j / 1 Punkt: b, h   2.) 2 Punkte: b, i / 1 Punkt: g, h, j   3.) 2 Punkte: c, e / 1 Punkt: a, f, g, i   4.) 2 Punkte: b, d, j / 1 Punkt: e, f, h, i   5.) 2 Punkte: b, e, f / 1 Punkt: c, h, j   6.) 2 Punkte: a, d, e, j / 1 Punkt: b, f   7.) 2 Punkte: a, c, i / 1 Punkt: d, f, g   8.) 2 Punkte: c, d / 1 Punkt: a, e, f, i   9.) 2 Punkte: c, g, j / 1 Punkt: b, d, f   10.) 2 Punkte: a, g, i / 1 Punkt: d, f, h

Umrechnungstabelle für den Untertest Wortschatz / Max. Punkte: 10

Rohwertsumme	Punkte	Rohwertsumme	Punkte
1–2	1	11–12	6
3–4	2	13–14	7
5–6	3	15–16	8
7–8	4	17–18	9
9–10	5	19–20	10

7. Untertest: Matrizen (MZ) / Max. Punkte: 10   (S. 127)

1.) b   2.) c   3.) e   4.) e   5.) c   6.) b   7.) d   8.) b   9.) d   10.) b

8. Untertest: Allgemeines Verständnis (AV) / Max. Rohwertsumme: 20 Punkte   (S. 131)

1.) 2 Punkte: b, f, g, h / 1 Punkt: c, d, i, k   2.) 2 Punkte: c, j / 1 Punkt: a, f, g, i, k   3.) 2 Punkte: d, g, i, k / 1 Punkt: a, b, f   4.) 2 Punkte: a, b, e, h, k / 1 Punkt: c   5.) 2 Punkte: a, d, e, f, k / 1 Punkt: g   6.) 2 Punkte: b, f, h / 1 Punkt: a, d, j   7.) 2 Punkte: e, h / 1 Punkt: a, c, f, g   8.) 2 Punkte: b, h / 1 Punkt: d, e, i   9.) 2 Punkte: a, c, h, k / 1 Punkt: b, d, f   10.) 2 Punkte: a, c, e, f, i /1 Punkt: g

Umrechnungstabelle für den Untertest Allgemeines Verständnis / Max. Punkte: 10

Rohwertsumme	Punkte
1–2	1
3–4	2
5–6	3
7–8	4
9–10	5

Rohwertsumme	Punkte
11–12	6
13–14	7
15–16	8
17–18	9
19–20	10

Lösungshinweise zum Allgemeinen Verständnis

1. Gute Freunde sind Menschen, die einen unterstützen.

2. Der Mensch braucht Energie für Bewegung und Wachstum.

3. Verkehrszeichen sind Teil der Straßenausstattung und dienen der sicheren, flüssigen Verkehrsführung. Einzelheiten zum Aufstellen von Verkehrszeichen regelt die Verwaltungsvorschrift zur Straßenverkehrsordnung (kurz: StVO). Verkehrszeichen sind Gefahr-, Vorschrift- oder Richtzeichen (§ 39 Abs. 2 Satz 1 StVO).

4. Mülltrennen ist gut für die Umwelt. Jeder sollte seinen Beitrag dazu leisten. Ein Teil des Mülls wird wiederverwendet. Mülltrennung ist auch wichtig, damit die Maschinen, die jetzt noch den Trennungsprozess unterstützen, später nicht mehr in dem Maße notwendig sind. Das spart CO2, Energie und Geld. Auch die Menschen, die stundenlang an den Bändern stehen, um den Müll zu sortieren, werden dadurch entlastet. (Quelle: https://de.wikipedia.org/wiki/Mülltrennung [Aufruf 21.4.16])

5. Durch das Lesen verbessert man erheblich seinen Wortschatz und die Rechtschreibung. Es hilft beim Diktat oder auch beim Schreiben von Aufsätzen.

6. Glückliche Menschen sind zufrieden, auch wenn sie nichts haben. Sie haben ein permanentes Gefühl von innerer Sicherheit. Das macht sie stark und schafft eine Sichtweise, bei der sich das Glück subjektiv immer wieder selbst bestätigt.

7. Delfine sind keine Menschenfresser und auch von lebensbedrohenden Angriffen hat man nicht gehört. Es ist allerdings nicht ungefährlich in der Nähe von Delfinen zu tauchen, da sich in der Nähe auch Haie befinden können. Nicht jeder Hai wird dem Menschen gefährlich, es kommt auf seine Species an, ebenso wie auf das Verhalten des Menschen. Aber ein Hai ist eine eindeutig lebensbedrohendere Gefahr für einen Schwimmer oder Taucher. (Quelle: https://de.wikipedia.org/wiki/Delfine; https://de.wikipedia.org/wiki/Haie [Aufruf 21.4.16])

8. „Wer bei Unglücksfällen oder allgemeiner Gefahr oder Not nicht Hilfe leistet, obwohl dies erforderlich und ihm den Umständen nach zuzumuten ist, insbesondere ohne erhebliche eigene Gefahr und ohne Verletzung anderer wichtiger Pflichten möglich ist, wird mit Freiheitsstrafe bis zu einem Jahr oder mit Geldstrafe bestraft." (§ 323c StGB)

9. Die natürlichen Ressourcen sind für das Leben und die Entwicklung des Menschen sehr wichtig. Energie ist nur ein geringer Teil der vorhandenen Ressourcen. Gewinnung und Umwandlung von Energie ist ein aufwändiger und kostspieliger Prozess.

10. Unter Haushaltshygiene versteht man die Summe aller Maßnahmen mit dem Ziel, neue Erkrankungen und deren Weitergabe im häuslichen Umfeld zu vermeiden oder diesen vorzubeugen.

9. Untertest: Symbole finden (SF) / Max. Rohwertsumme: 45 Punkte (S. 135)

1.) nein   2.) ja   3.) ja   4.) nein   5.) ja   6.) ja   7.) ja   8.) nein   9.) nein
10.) ja   11.) ja   12.) ja   13.) nein   14.) nein   15.) ja   16.) ja   17.) ja   18.) nein
19.) ja   20.) nein   21.) nein   22.) ja   23.) ja   24.) nein   25.) ja   26.) ja   27.) ja
28.) nein   29.) nein   30.) nein   31.) nein   32.) ja   33.) ja   34.) nein   35.) ja
36.) nein   37.) ja   38.) ja   39.) nein   40.) ja   41.) ja   42.) ja   43.) ja   44.) nein
45.) ja

Umrechnungstabelle für den Untertest Symbole Finden / Max. Punkte: 10

Rohwertsumme	Punkte
0 – 6	1
7 – 9	2
10 – 12	3
13 – 15	4
16 – 18	5

Rohwertsumme	Punkte
19 – 21	6
23 – 25	7
26 – 28	8
29 – 31	9
32 – 45	10

10. Untertest: Tatsache oder Meinung (TM) / Max. Punkte: 10   (S. 139)

1.) Meinung   2.) Tatsache   3.) Meinung   4.) Meinung   5.) Tatsache
6.) Tatsache   7.) Meinung   8.) Tatsache   9.) Tatsache   10.) Tatsache

11. Untertest: Bilder durchstreichen (BD) / Max. Rohwertsumme: 60 Punkte   (S. 140)

7, 11, 16, 18, 22, 24, 31, 35, 38, 47, 53, 55, 62, 66, 70, 73, 82, 87, 89, 103, 108, 112, 124, 131, 132, 140, 142, 146, 153, 156, 163, 167, 169, 171, 173, 176, 193, 196, 212, 218, 221, 223, 232, 235, 238, 247, 252, 254, 259, 265, 267, 272, 276, 284, 286, 288, 296, 303, 308, 320

Umrechnungstabelle für den Untertest Bilder durchstreichen / Max. Punkte: 10

Rohwertsumme	Punkte
0–13	1
14–18	2
19–25	3
26–31	4
32–37	5

Rohwertsumme	Punkte
38–43	6
44–50	7
51–55	8
56–58	9
59–60	10

12. Untertest: Allgemeinwissen (AW) / Max. Punkte: 10   (S. 143)

1.) c. Sommer   2.) a. Pfefferminze   3.) c. scharfe Zähne   4.) c. Unter 0° Celsius   5.) b. Fußspur   6.) a. pumpt das Blut und schlägt   7.) d. Physiker   8.) a. Globus   9.) c. Jahresringe   10.) b. Brasilien

13. Untertest: Figurenreihen (FR) / Max. Punkte: 10   (S. 144)

1.) c. Der Kreis wird entgegen dem Uhrzeigersinn vervollständigt.   2.) b. In der Reihe befinden sich abwechselnd eine halbe und eine ganze Figur.   3.) a. Die Figur dreht sich je um 90° im Uhrzeigersinn. Die Farben der zwei Teile dieser Figur wechseln sich ab.   4.) e. Die beiden Figuren bilden miteinander Schnittmengen in der gleichen Farbe.   5.) b. Der Kreis und das Quadrat bewegen sich ein Stück entgegen dem Uhrzeigersinn. Dabei wechseln sie die Farbe.   6.) b. Die Anzahl der Barthaare verringert sich jeweils um zwei, die Anzahl der Haare hingegen vergrößert sich um jeweils zwei. Die Mimik wechselt sich ab.   7.) d. Der orangene Balken bewegt sich je um eine Position nach unten.   8.) e. Der innere Kreis dreht sich um 90° entgegen dem Uhrzeigersinn. Zwei äußere Kreise drehen sich um 90° im Uhrzeigersinn.   9.) c. Die Figur dreht sich jeweils um 45° im Uhrzeigersinn.   10.) d. Im Uhrzeigersinn wird jede Figur durch die Figur in der Mitte ersetzt.

14. Untertest: Wörter erkennen (WE) / Max. Punkte: 10   (S. 147)

1.) Zentralheizung, Elektroheizung, Heizung, Backofen, Kamin   2.) Thermometer   3.) Ohr, Ohren   4.) Wasser   5.) Karte, Landkarte, Kompass, Navi, Anzeige, Zeitung, Anzeigetafel   6.) Eule   7.) Krankenhaus, Klinikum, Ärztehaus, Arztpraxis, Hausarzt, Arzt   8.) Geld, Papiergeld, Münzen, Scheck, Bankeinzug, Lastschrift, Prepaid-Guthaben, Kreditkarte, PayPal-Guthaben, Überweisung   9.) Tsunami, Vulkanausbruch, Gewitter, Hochwasser, Dürre, Hagel, Sturm, Blitz, Erdbeben, Naturkatastrophe, Naturereignis   10.) Giraffe

15. Untertest: Zahlen und Symbole (ZS) / Max. Rohwertsumme: 126 Punkte   (S. 148)

Umrechnungstabelle für den Untertest Zahlen und Symbole / Max. Punkte: 10

Rohwertsumme	Punkte	Rohwertsumme	Punkte
0–16	1	42–47	6
17–23	2	48–53	7
24–29	3	54–59	8
30–35	4	60–69	9
36–41	5	70–126	10

Lösungen: Zahlen und Symbole

2	1	5	3	6	1	3	3	2	4	1	5	2	3	4	6	1	5	6	1	4
&	⌐	ß	V	+	⌐	V	V	&	⊖	⌐	ß	&	V	⊖	+	⌐	ß	+	⌐	⊖

3	5	7	2	1	4	2	6	3	2	5	7	7	2	5	1	4	7	3	2	1
V	ß	→	&	⌐	⊖	&	+	V	&	ß	→	→	&	ß	⌐	⊖	→	V	&	⌐

2	5	4	1	8	7	6	5	1	3	1	2	3	5	2	7	2	2	4	1	3
&	ß	⊖	⌐	=	→	+	ß	⌐	V	⌐	&	V	ß	&	→	&	&	⊖	⌐	V

3	1	2	8	9	7	4	1	2	8	7	3	4	5	1	3	9	3	2	1	5
V	⌐	&	=	H	→	⊖	⌐	&	=	→	V	⊖	ß	⌐	V	H	V	&	⌐	ß

3	4	1	2	5	9	7	8	3	1	8	3	7	6	1	4	5	4	2	5	2
V	⊖	⌐	&	ß	H	→	=	V	⌐	=	V	→	+	⌐	⊖	ß	⊖	&	ß	&

1	7	5	2	7	4	8	9	2	4	6	4	2	1	8	1	6	3	4	9	7
⌐	→	ß	&	→	⊖	=	H	&	⊖	+	⊖	&	⌐	=	⌐	+	V	⊖	H	→

16. Untertest: Wörter gruppieren (WG) / Max. Punkte: 10 (S. 149)

Tanne, Pilz, Gras, Zwiebel, Moos, Kamille, Kiefer, Fichte, Strauch, Löwenzahn

Auswertung zu den Testaufgaben für das Alter 9–10 Jahre (Kopiervorlage)

Name des Kindes: _____

Tabellarische Darstellung der Ergebnisse (Durchschnittswerte)

Tragen Sie die Punktzahlen für die gelösten Untertests in diesen Bogen ein. Berechnen Sie die durchschnittliche Leistung Ihres Kindes in den einzelnen Bereichen.

Sprachverständnis				Verarbeitungskapazität				Logisches Denken				Bearbeitungsgeschwindigkeit			
WS	AV	WE	AW	ER	WA	TM	GM	BE	MZ	LE	FR	SF	BD	WG	ZS
Durchschnitt (Punkte):				Durchschnitt (Punkte):				Durchschnitt (Punkte):				Durchschnitt (Punkte):			

Untertest-Punkte-Profil

Verbinden Sie die Punkte, die der Leistung Ihres Kindes entsprechen. Sie erhalten sein persönliches Untertest-Punkte-Profil.

Sprachverständnis				Verarbeitungskapazität				Logisches Denken				Bearbeitungsgeschwindigkeit				Punkte
WS	AV	WE	AW	ER	WA	TM	GM	BE	MZ	LE	FR	SF	BD	WG	ZS	
•	•	•	•	•	•	•	•	•	•	•	•	•	•	•	•	1
•	•	•	•	•	•	•	•	•	•	•	•	•	•	•	•	2
•	•	•	•	•	•	•	•	•	•	•	•	•	•	•	•	3
•	•	•	•	•	•	•	•	•	•	•	•	•	•	•	•	4
•	•	•	•	•	•	•	•	•	•	•	•	•	•	•	•	5
•	•	•	•	•	•	•	•	•	•	•	•	•	•	•	•	6
•	•	•	•	•	•	•	•	•	•	•	•	•	•	•	•	7
•	•	•	•	•	•	•	•	•	•	•	•	•	•	•	•	8
•	•	•	•	•	•	•	•	•	•	•	•	•	•	•	•	9
•	•	•	•	•	•	•	•	•	•	•	•	•	•	•	•	10

Lösungen zu den Testaufgaben für das Alter 10 – 11 Jahre

1. Untertest: Logisches Ergänzen (LE) / Max. Punkte: 10   (S. 152)

1.) Eine Schraube   2.) Blumen auf dem Rock   3.) Zwei Löcher im Knopf   4.) Die Hälfte des Schnurrbarts   5.) Die Mine des Bleistifts   6.) Der Griff der Gießkanne   7.) Ein Nagel   8.) Der Mund bei einer Matroschka   9.) Der Schwanz   10.) Ein Teil des Regenschirms

2. Untertest: Gemeinsamkeiten (GM) / Max. Rohwertsumme: 20 Punkte   (S. 154)

1.) 2 Punkte: c / 1 Punkt: b, d, f, h, j   2.) 2 Punkte: d, e / 1 Punkt: a, c, f, g   3.) 2 Punkte: f, i / 1 Punkt: d, h, j   4.) 2 Punkte: d, g / 1 Punkt: h, i   5.) 2 Punkte: b, i, j / 1 Punkt: d, f, g   6.) 2 Punkte: a, h, j / 1 Punkt: b, c   7.) 2 Punkte: f, g / 1 Punkt: c, i   8.) 2 Punkte: e / 1 Punkt: d, f, h, j   9.) 2 Punkte: b, e, f / 1 Punkt: j   10.) 2 Punkte: d, g, j / 1 Punkt: b, h, i

Umrechnungstabelle für den Untertest Gemeinsamkeiten / Max. Punkte: 10

Rohwertsumme	Punkte	Rohwertsumme	Punkte
1–2	1	11–12	6
3–4	2	13–14	7
5–6	3	15–16	8
7–8	4	17–18	9
9–10	5	19–20	10

3. Untertest: Eingekleidete Rechenaufgaben (ER) / Max. Punkte: 10   (S. 157)

1.) 8 Boote   2.) 48 Euro   3.) 10 Tage   4.) 42,50 Euro   5.) 15 Euro   6.) 100 km   7.) 174 Wasserflaschen   8.) 82 km   9.) 43 Euro   10.) 21

4. Untertest: Wortanalogien (WA) / Max. Punkte: 10   (S. 158)

1.) a. Stück   2.) b. Fichte   3.) d. riesig   4.) a. Luft   5.) b. Hammer   6.) d. brüllen   7.) c. dreißig   8.) e. Licht   9.) e. Geschmack   10.) e. zerstören

5. Untertest: Bildentwurf (BE) / Max. Punkte: 10 (S. 159)

1.) 2 und 3   2.) 2 und 4   3.) 3 und 5   4.) 1, 5 und 8   5.) 1, 5 und 9   6.) 1, 6 und 8
7.) 1, 8 und 12   8.) 2, 7 und 12   9.) 3, 5 und 11   10.) 2, 8, 11

6. Untertest: Wortschatz (WS) / Max. Rohwertsumme: 20 Punkte (S. 161)

1.) 2 Punkte: c, f, i / 1 Punkt: h   2.) 2 Punkte: c, d, j / 1 Punkt: b, e   3.) 2 Punkte: a, e, h / 1 Punkt: b, c, i   4.) 2 Punkte: a, e, h, j / 1 Punkt: b, f   5.) 2 Punkte: a, j / 1 Punkt: d, e, g, i   6.) 2 Punkte: b, f / 1 Punkt: d, e, g   7.) 2 Punkte: d, f, g / 1 Punkt: b, e   8.) 2 Punkte: b, g, j / 1 Punkt: d, h   9.) 2 Punkte: b, h / 1 Punkt: a, c   10.) 2 Punkte: d, f, i, j / 1 Punkt: c

Umrechnungstabelle für den Untertest Wortschatz / Max. Punkte: 10

Rohwertsumme	Punkte	Rohwertsumme	Punkte
1–2	1	11–12	6
3–4	2	13–14	7
5–6	3	15–16	8
7–8	4	17–18	9
9–10	5	19–20	10

7. Untertest: Matrizen (MZ) / Max. Punkte: 10 (S. 164)

1.) e   2.) d   3.) e   4.) b   5.) b   6.) e   7.) a   8.) c   9.) d   10.) e

8. Untertest: Allgemeines Verständnis (AV) / Max. Rohwertsumme: 20 Punkte (S. 167)

1) 2 Punkte: b, g, i / 1 Punkt: a, d   2.) 2 Punkte: a, e, h, i / 1 Punkt: c, g, l   3.) 2 Punkte: a, e, g, h / 1 Punkt: b   4.) 2 Punkte: f, h, i / 1 Punkt: a, j   5.) 2 Punkte: b, f, g, j / 1 Punkt: c, e, i   6.) 2 Punkte: c, d, e, j / 1 Punkt: a, h   7.) 2 Punkte: a, c, f, i / 1 Punkt: e, h   8.) 2 Punkte: d, e, f / 1 Punkt: a   9.) 2 Punkte: b, d, g / 1 Punkt: c, i   10.) 2 Punkte: c, i, k / 1 Punkt: b, g

Umrechnungstabelle für den Untertest Allgemeines Verständnis / Max. Punkte: 10

Rohwertsumme	Punkte
1–2	1
3–4	2
5–6	3
7–8	4
9–10	5

Rohwertsumme	Punkte
11–12	6
13–14	7
15–16	8
17–18	9
19–20	10

Lösungshinweise zum Allgemeinen Verständnis

1. Als erneuerbare Energien, regenerative Energien oder alternative Energien werden Energieträger bezeichnet, die im Rahmen des menschlichen Zeithorizonts praktisch unerschöpflich zur Verfügung stehen oder sich verhältnismäßig schnell erneuern. Erneuerbare Energiequellen gelten, neben höherer Energieeffizienz, als wichtigste Säule einer nachhaltigen Energiepolitik und der Energiewende. Zu ihnen zählen Wasserkraft, Windenergie, solare Strahlung, Erdwärme und nachwachsende Rohstoffe. (Quelle: https://de.wikipedia.org/wiki/Erneuerbare_Energien [Aufruf 21.4.16])

2. Mit der Geburtsurkunde wird nicht nur der Nachweis über den Geburtstag des Kindes geführt, sondern auch die Abstammung und Benennung der Eltern dokumentiert.

3. Trinkwasser ist kostbar und nur begrenzt vorhanden. Durch das Einsparen von Wasser werden die Haushaltskasse entlastet und die natürlichen Ressourcen der Erde geschont.

4. Eine Staatsgrenze ist die Grenzlinie zwischen Staatsgebieten, teilsouveränen Gliedstaaten und politisch-administrativen Verwaltungseinheiten. Durch zwischenstaatliche Grenzziehungen wird einerseits die territoriale Integrität eines Staates gegenüber seiner Nachbarschaft gesichert, andererseits dient sie zur exakten Definition des räumlichen Geltungsbereiches der staatlichen Rechtsordnung.

5. Der Vorteil ist, dass keine Missverständnisse entstehen, man zukünftigen Problemen vorbeugt.

6. § 17 STVO (Straßenverkehrsordnung) Absatz 1: „Während der Dämmerung, bei Dunkelheit oder wenn die Sichtverhältnisse es sonst erfordern, sind die vorgeschriebenen Beleuchtungsmitteln zu benutzen." Das Licht am Fahrrad dient nicht in erster Linie dazu, als Fahrer etwas zu sehen, sondern vor allem, um gesehen zu werden.

7. Möglichkeiten, um Tieren zu helfen: bewusstes Einkaufen, ehrenamtliche Arbeit, Sachspenden, sich gegen Tierquälerei einsetzen, Patenschaft über ein Tier übernehmen.

8. Selbst wenn alle Menschen überall die gleiche Sprache sprächen, hätten sich schon allein aus Zufall unterschiedliche Sprachen entwickelt. Unterschiedliche Regionen und Kulturen haben ganz unterschiedliche Ansprüche an Grammatik und Vokabular.

9. Würde man Elektroschrott in den Restmüll werfen, so würde er zusammen mit allem anderen auf der Mülldeponie abgeladen, wo dann die enthaltenen Giftstoffe mit der Zeit freiwerden und sich mit dem anderen Müll vermischen. Wird die Deponie undicht, können diese Giftstoffe ins Grundwasser und damit ins Trinkwasser gelangen.

10. Das Papierbuch kann niemals durch das E-Book verdrängt werden. Es ist ein Erlebnis. Die Seiten, über die man streicht, der Geruch, der sich beim Aufschlagen verbreitet, das sich „schlau vorkommen", wenn man mit dem Buch irgendwo sitzt.

9. Untertest: Symbole finden (SF) / Max. Rohwertsumme:

1.) nein   2.) ja   3.) ja   4.) ja   5.) nein   6.) nein   7.) ja   8.) ja   9.) ja   10.) ja
11.) ja   12.) ja   13.) nein   14.) nein   15.) nein   16.) ja   17.) ja   18.) nein   19.) nein
20.) ja   21.) nein   22.) ja   23.) nein   24.) ja   25.) nein   26.) nein   27.) nein
28.) nein   29.) nein   30.) ja   31.) ja   32.) nein   33.) ja   34.) nein   35.) nein
36.) ja   37.) nein   38.) nein   39.) nein   40.) ja   41.) ja   42.) nein   43.) ja
44.) nein   45.) ja

Umrechnungstabelle für den Untertest Symbole Finden / Max. Punkte: 10

Rohwertsumme	Punkte	Rohwertsumme	Punkte
0–7	1	22–24	6
8–11	2	25–27	7
12–15	3	28–30	8
16–18	4	31–33	9
19–21	5	34–45	10

10. Untertest: Tatsache oder Meinung (TM) / Max. Punkte: 10   (S. 175)

1.) Tatsache   2.) Tatsache   3.) Tatsache   4.) Tatsache   5.) Meinung   6.) Meinung
7.) Meinung   8.) Meinung   9.) Meinung   10.) Tatsache

11. Untertest: Bilder durchstreichen (BD) / Max. Rohwertsumme: 60 Punkte (S. 176)

3, 14, 18, 19, 21, 28, 33, 38, 40, 47, 49, 53, 55, 62, 73, 77, 82, 83, 87, 105, 108, 110, 130, 137, 142, 143, 144, 146, 150, 156, 158, 163, 167, 169, 173, 185, 187, 198, 206, 208, 209, 212, 221, 226, 236, 238, 243, 249, 254, 255, 262, 269, 272, 274, 280, 282, 286, 296, 303, 316

Umrechnungstabelle für den Untertest Bilder durchstreichen / Max. Punkte: 10

Rohwertsumme	Punkte
0–16	1
17–22	2
23–28	3
29–35	4
36–41	5

Rohwertsumme	Punkte
42–47	6
48–53	7
54–56	8
57–59	9
60	10

12. Untertest: Allgemeinwissen (AW) / Max. Punkte: 10 (S. 179)

1.) a. Samstag   2.) d. Graphit   3.) a. Lunge   4.) d. 5 Erdteile, die durch den Sport verbunden sind   5.) c. Ein Breitengrad um die Mitte der Erdkugel   6.) a. Indien   7.) b. Gasförmige Hülle der Erde   8.) c. Leonardo da Vinci   9.) b. Russland   10.) a. Zeus

13. Untertest: Figurenreihen (FR) / Max. Punkte: 10 (S. 181)

1.) e. Jede Figur wird mit einem neuen Pfeil vervollständigt. Die Figur bewegt sich um 90° im Uhrzeigersinn.   2.) d. Das grüne Blatt und der grüne Kreis bewegen sich jeweils im Uhrzeigersinn.   3.) a. Jede Figur hat eine Seite mehr: 3, 4, 5 und 6.   4.) b. Hier ist auf die Anzahl und auf die Gleichheit der Figuren zu achten.   5.) d. Das abgedunkelte Quadrat in der Mitte wechselt die Farbe. Der kleine Kreis wandert gegen den Uhrzeigersinn und wird abwechselnd rosa und rot.   6.) d. Die Figur dreht sich jeweils ein Stück im Uhrzeigersinn.   7.) d. Der innere Kreis ist abwechselnd grün und orange. Die zwei blauen Sektoren ändern im Uhrzeigersinn ihre Platzierung.   8.) a. Die Farben werden vertauscht. Dabei dreht sich das Muster um 45° im Uhrzeigersinn.   9.) e. Die Anzahl der Sterne verringert sich um 3 und die Anzahl der Kreise vergrößert sich um 2.   10.) c. Abwechselnd kommt ein neuer Balken entweder links oder unten im Bild dazu.

14. Untertest: Wörter erkennen (WE) / Max. Punkte: 10   (S. 184)

1.) Milch, Buttermilch, Käse, Butter, Molke, Joghurt, Quark, Ei, Fleisch.   2.) Jahreszeiten.   3.) Freundschaft, Partnerschaft, Beziehung, Brüderschaft, Eintracht, Gemeinschaft, Harmonie, Kameradschaft, Verbindung, Vertrautheit, Zuneigung, Zusammengehörigkeit.   4.) Lot, Wasserwaage, Winkelmesser.   5.) Phänomen, Besonderheit, Erscheinung, Merkwürdigkeit, Vorfall, Vorgang, Vorkommnis, Kuriosität, Begebenheit, Geschehnis, Wunder.   6.) Fehler, Patzer, Unrichtigkeit, Inkorrektheit, Fehlgriff, Missgeschick, Panne, Versehen, Ausrutscher, Schnitzer, Klops.   7.) Waage   8.) Klavier, Pianola, Flügel, Tasteninstrument, Rumpelkasten, Piano, Fortepiano, Orgel, Hammerklavier, Pianoforte.   9.) Kompass   10.) Baum, Holz, Ast, Holzgewächs

15. Untertest: Zahlen und Symbole (ZS) / Max. Rohwertsumme: 126 Punkte   (S. 185)

Umrechnungstabelle für den Untertest Zahlen und Symbole / Max. Punkte: 10

Rohwertsumme	Punkte	Rohwertsumme	Punkte
0–19	1	47–53	6
20–26	2	54–59	7
27–33	3	60–66	8
34–39	4	67–76	9
40–46	5	77–126	10

Lösungen: Zahlen und Symbole

1	3	6	2	2	4	1	5	6	1	3	4	5	2	1	5	6	1	1	3	2
⊥	□	D	?	?	$	⊥	%	D	⊥	□	$	%	?	⊥	%	D	⊥	⊥	□	?

6	7	3	4	5	3	2	4	1	5	2	3	6	7	1	6	2	3	5	1	4
D	/	□	$	%	□	?	$	⊥	%	?	□	D	/	⊥	D	?	□	%	⊥	$

8	7	5	6	3	2	1	2	8	8	5	3	6	2	4	7	4	8	6	5	7
A	/	%	D	□	?	⊥	?	A	A	%	□	D	?	$	/	$	A	D	%	/

2	4	6	9	1	8	2	5	4	3	2	1	7	9	3	1	6	4	7	7	2
?	$	D	//	⊥	A	?	%	$	□	?	⊥	/	//	□	⊥	D	$	/	/	?

1	2	5	3	2	8	1	4	9	4	7	6	8	5	2	1	9	1	8	4	7
⊥	?	%	□	?	A	⊥	$	//	$	/	D	A	%	?	⊥	//	⊥	A	$	/

9	2	3	1	4	1	2	8	3	9	5	8	1	8	5	2	9	6	5	3	1
//	?	□	⊥	$	⊥	?	A	□	//	%	A	⊥	A	%	?	//	D	%	□	⊥

16. Untertest: Wörter gruppieren (WG) / Max. Punkte: 10   (S. 186)

Dezember, Juli, Februar, April, März, August, Januar, Oktober, November, September

Auswertung der Ergebnisse zu den Testaufgaben für das Alter 10–11 Jahre (Kopiervorlage)

Name des Kindes: _____

Tabellarische Darstellung der Ergebnisse (Durchschnittswerte)

Tragen Sie die Punktzahlen für die gelösten Untertests in diesen Bogen ein. Berechnen Sie die durchschnittliche Leistung Ihres Kindes in den einzelnen Bereichen.

Sprachverständnis				Verarbeitungskapazität				Logisches Denken				Bearbeitungsgeschwindigkeit			
WS	AV	WE	AW	ER	WA	TM	GM	BE	MZ	LE	FR	SF	BD	WG	ZS
Durchschnitt (Punkte):				Durchschnitt (Punkte):				Durchschnitt (Punkte):				Durchschnitt (Punkte):			

Untertest-Punkte-Profil

Verbinden Sie die Punkte, die der Leistung Ihres Kindes entsprechen. Sie erhalten sein persönliches Untertest-Punkte-Profil.

Sprachverständnis				Verarbeitungskapazität				Logisches Denken				Bearbeitungsgeschwindigkeit				Punkte
WS	AV	WE	AW	ER	WA	TM	GM	BE	MZ	LE	FR	SF	BD	WG	ZS	
•	•	•	•	•	•	•	•	•	•	•	•	•	•	•	•	1
•	•	•	•	•	•	•	•	•	•	•	•	•	•	•	•	2
•	•	•	•	•	•	•	•	•	•	•	•	•	•	•	•	3
•	•	•	•	•	•	•	•	•	•	•	•	•	•	•	•	4
•	•	•	•	•	•	•	•	•	•	•	•	•	•	•	•	5
•	•	•	•	•	•	•	•	•	•	•	•	•	•	•	•	6
•	•	•	•	•	•	•	•	•	•	•	•	•	•	•	•	7
•	•	•	•	•	•	•	•	•	•	•	•	•	•	•	•	8
•	•	•	•	•	•	•	•	•	•	•	•	•	•	•	•	9
•	•	•	•	•	•	•	•	•	•	•	•	•	•	•	•	10

Lösungen zu den Testaufgaben für das Alter 11–12 Jahre

1. Untertest: Logisches Ergänzen (LE) / Max. Punkte: 10   (S. 188)

1.) Der linke Arm bei dem Jungen in der Mitte   2.) Metallfeder in der Mitte der Wäscheklammer   3.) Der goldene Streifen der Flagge   4.) 4 Markierungen auf der Skala   5.) Die Wurzel der Pflanze   6.) Eine Kilometerzahl auf der Tafel   7.) Schwarzer Halbkreis rechts   8.) Ein Ohrring   9.) Eine Faltseite des Kartons   10.) Ein Teil des dunkelgrünen Rasens im Torbereich vorne

2. Untertest: Gemeinsamkeiten (GM) / Max. Rohwertsumme: 20 Punkte   (S. 190)

1.) 2 Punkte: c, j / 1 Punkt: a, h, i   2.) 2 Punkte: b / 1 Punkt: d, f   3.) 2 Punkte: b / 1 Punkt: a, e, h, i   4.) 2 Punkte: c, g / 1 Punkt: e, j   5.) 2 Punkte: c, j / 1 Punkt: d, e   6.) 2 Punkte: b, e / 1 Punkt: d, g, j   7.) 2 Punkte: c, g / 1 Punkt: b, e, f   8.) 2 Punkte: e, f / 1 Punkt: c, d, h   9.) 2 Punkte: e, g, i / 1 Punkt: c, h   10.) 2 Punkte: b / 1 Punkt: e, f, h

Umrechnungstabelle für den Untertest Gemeinsamkeiten / Max. Punkte: 10

Rohwertsumme	Punkte	Rohwertsumme	Punkte
1–2	1	11–12	6
3–4	2	13–14	7
5–6	3	15–16	8
7–8	4	17–18	9
9–10	5	19–20	10

3. Untertest: Eingekleidete Rechenaufgaben (ER) / Max. Punkte: 10   (S. 193)

1.) 4 Kinder   2.) 4,20 Euro   3.) nein   4.) 199 kg   5.) 462 Euro   6.) 221 Flaschen   7.) 34 Kilo   8.) 35 m²   9.) 8 Runden   10.) 9 Euro

4. Untertest: Wortanalogien (WA) / Max. Punkte: 10   (S. 194)

1.) e. April   2.) a. Schimmel   3.) b. Gemüse   4.) c. schlafen   5.) c. Birke   6.) b. Direktor   7.) d. fliegen   8.) e. dumm   9.) b. Zeitung   10.) c. Wolf

5. Untertest: Bildentwurf (BE) / Max. Punkte: 10 (S. 195)

1.) 1 und 4   2.) 1 und 5   3.) 2, 4 und 9   4.) 2, 6 und 9   5.) 3, 4 und 9   6.) 1, 6 und 8
7.) 1, 6 und 12   8.) 1, 5 und 11   9.) 1, 8 und 9   10.) 2, 5 und 12

6. Untertest: Wortschatz (WS) / Max. Rohwertsumme: 20 Punkte   (S. 197)

1.) 2 Punkte: e, f, h / 1 Punkt: b, j   2.) 2 Punkte: c, e / 1 Punkt: a, f, g, h   3.) 2 Punkte: b, d, e, g / 1 Punkt: c   4.) 2 Punkte: a, g, j / 1 Punkt: d, f, i   5.) 2 Punkte: e, h / 1 Punkt: b, c, g   6.) 2 Punkte: c, i / 1 Punkt: a, e, g   7.) 2 Punkte: b, d, g / 1 Punkt: c, e
8.) 2 Punkte: e, h, j / 1 Punkt: b, d, f   9.) 2 Punkte: c, g, j / 1 Punkt: b, i   10.) 2 Punkte: b, d, e, f, i / 1 Punkt: a, g

Umrechnungstabelle für den Untertest Wortschatz / Max. Punkte: 10

Rohwertsumme	Punkte	Rohwertsumme	Punkte
1–2	1	11–12	6
3–4	2	13–14	7
5–6	3	15–16	8
7–8	4	17–18	9
9–10	5	19–20	10

7. Untertest: Matrizen (MZ) / Max. Punkte: 10 (S. 200)

1.) d   2.) e   3.) a   4.) a   5.) e   6.) d   7.) e   8.) c   9.) e   10.) a

8. Untertest: Allgemeines Verständnis (AV) / Max. Rohwertsumme: 20 Punkte   (S. 204)

1.) 2 Punkte: b, c, e, h / 1 Punkt: a, d, i   2.) 2 Punkte: a, g, j, k / 1 Punkt: d, e, i
3.) 2 Punkte: a, b, d, i, k / 1 Punkt: c   4.) 2 Punkte: c, e, i, j, k / 1 Punkt: b   5.) 2 Punkte: d, h / 1 Punkt: a, b, e, f, k   6.) 2 Punkte: c, d, i, k / 1 Punkt: f, j   7.) 2 Punkte: c, d, h / 1 Punkt: b, e, g, i   8.) 2 Punkte: d, e, f, g, j / 1 Punkt: h, l, m   9.) 2 Punkte: d, e, g, i / 1 Punkt: b, j   10.) 2 Punkte: c, g / 1 Punkt: e, f

Umrechnungstabelle für den Untertest Allgemeines Verständnis / Max. Punkte: 10

Rohwertsumme	Punkte
1–2	1
3–4	2
5–6	3
7–8	4
9–10	5

Rohwertsumme	Punkte
11–12	6
13–14	7
15–16	8
17–18	9
19–20	10

Lösungshinweise zum Allgemeinen Verständnis

1. „Wer bei Unglücksfällen oder gemeiner Gefahr oder Not nicht Hilfe leistet, obwohl dies erforderlich und ihm den Umständen nach zuzumuten, insbesondere ohne erhebliche eigene Gefahr und ohne Verletzung anderer wichtiger Pflichten möglich ist, wird mit Freiheitsstrafe bis zu einem Jahr oder mit Geldstrafe bestraft." (Quelle: § 323c StGB)

2. Respekt ist eine innere Haltung, die sich dadurch äußert, einen anderen Menschen ohne Bedingungen und Vorbehalte zu akzeptieren und wertzuschätzen. Respekt kann nicht erzwungen werden, sondern entsteht aufgrund von Erfahrungen und Erkenntnissen im Umgang miteinander. Respektiert zu werden, d.h. Anerkennung und Wertschätzung zu erfahren, ist eine wichtige Voraussetzung für uns, um uns wohlzufühlen. Respektvolles Miteinander, d.h. wechselseitige Achtung, ist die Basis einer gesunden persönlichen Entwicklung, gerade in Bezug auf Eigenschaften, die später im Berufsleben entscheidend sind. (Quelle: https://de.wikipedia.org/wiki/Respekt. Aufruf 26.11.2015)

3. Die öffentlichen Verkehrsmittel sind trotz des hohen Preises immer noch billiger und schneller als private. Damit tut man auch etwas für die Umwelt.

4. Online hat man keinen Service mit Beratung. Generell ist es besser, im Laden zu kaufen, da dort die Arbeitsplätze gesichert werden. Im Laden kann die Ware angefasst, ausprobiert und anprobiert werden. Es gibt keine Lieferzeiten, es entstehen keine Lieferkosten, es gibt keinen Mindestbestellwert. Vor allem weibliche Kunden vermissen beim Online Shopping das Einkaufserlebnis.

5. Kinder und Jugendliche können durch Alkohol besonders schnell vergiftet werden, da ihr Enzymsystem zum Abbau des Zellgiftes Alkohol noch nicht die volle Leistungsfähigkeit hat. Früher Alkoholkonsum ist besonders prägend für das spätere Leben, das Risiko von späteren Suchterkrankungen wird deutlich erhöht.

6. Zusammenleben vieler Menschen funktioniert nur, wenn sich alle an Regeln halten. Durch Diebstähle wird der Umsatz geschmälert und dadurch sind eventuell die Arbeitsplätze der Beschäftigten gefährdet.

7. Krankheiten kann man zum Teil durch eine gesunde Lebensweise mit regelmäßiger Bewegung und einer ausgewogenen Ernährung vorbeugen.

9. Nicht nur Jugendliche sollten aufstehen, sondern jeder, der sieht, das ein alter oder ein behinderter Mensch keinen Platz bekommt. Das zeugt von einer guten Erziehung.

8. Umweltprobleme haben viele Ursachen. Einige davon sind die industrielle Produktion, der Transport von Produkten zu den Verbrauchern, der Einsatz von Chemie in der Landwirtschaft, die Überbevölkerung, der hohe Energieverbrauch.

10. Gesetze sind vom Staat erlassene, rechtlich bindende Vorschriften. Sie bestimmen weitgehend das Verhalten der Menschen im Gemeinschaftsleben. Denn für ein Funktionieren des Zusammenlebens der Menschen in der Gesellschaft sind Regeln unerlässlich. (Quelle: www.jugend.landtag-bz.org/de/werdegang-eines-gesetzes/was-ist-ein-gesetz/ [Aufruf 21.4.16])

9. Untertest: Symbole finden (SF) / Max. Rohwertsumme: 45 Punkte   (S. 208)

1.) ja   2.) ja   3.) ja   4.) nein   5.) nein   6.) nein   7.) ja   8.) nein   9.) ja   10.) nein   11.) nein   12.) ja   13.) ja   14.) ja   15.) ja   16.) nein   17.) ja   18.) nein   19.) ja   20.) ja   21.) nein   22.) nein   23.) ja   24.) ja   25.) ja   26.) nein   27.) nein   28.) nein   29.) ja   30.) ja   31.) ja   32.) nein   33.) nein   34.) ja   35.) ja   36.) ja   37.) nein   38.) nein   39.) ja   40.) nein   41.) ja   42.) ja   43.) ja   44.) nein   45.) ja

Umrechnungstabelle für den Untertest Symbole finden / Max. Punkte: 10

Rohwertsumme	Punkte
0–8	1
9–12	2
13–16	3
17–19	4
20–22	5

Rohwertsumme	Punkte
23–26	6
27–31	7
32	8
33–34	9
35–45	10

10. Untertest: Tatsache oder Meinung (TM) / Max. Punkte: 10   (S. 212)

1.) Tatsache   2.) Meinung   3.) Meinung   4.) Meinung   5.) Tatsache   6.) Meinung   7.) Tatsache   8.) Meinung   9.) Meinung   10.) Tatsache

11. Untertest: Bilder durchstreichen (BD) / Max. Rohwertsumme: 60 Punkte   (S. 212)

2, 5, 7, 15, 20, 22, 24, 28, 35, 37, 40, 42, 48, 55, 59, 62, 66, 79, 85, 94, 102, 108, 113, 119, 121, 126, 133, 137, 142, 154, 158, 160, 168, 176, 182, 188, 190, 191, 196, 215, 234, 240, 241, 248, 253, 258, 262, 265, 267, 271, 273, 282, 285, 288, 291, 297, 299, 307, 315, 319

Umrechnungstabelle für den Untertest Bilder durchstreichen / Max. Punkte: 10

Rohwertsumme	Punkte	Rohwertsumme	Punkte
0–18	1	46–51	6
19–25	2	52–54	7
26–31	3	55–57	8
32–38	4	58–59	9
39–45	5	60	10

12. Untertest: Allgemeinwissen (AW) / Max. Punkte: 10   (S. 216)

1.) d. Mai   2.) c. Biographie   3.) c. Luftschiff   4.) b. Arterien   5.) c. Juri Gagarin   6.) a. Königin   7.) a. Wassertiefe   8.) d. China   9.) d. Wenn unser Sehsystem den Sinnesreiz verarbeitet   10.) b. Philosoph

13. Untertest: Figurenreihen (FR) / Max. Punkte: 10   (S. 217)

1.) d. Der Hintergrund wird im nächsten Bild heller und die Blütenblätter werden schmaler.   2.) e. Das rote Blatt bewegt sich gegen den Uhrzeigersinn. Die Anzahl der Striche vergrößert sich im Uhrzeigersinn um 1.   3.) c. Die Figur wird von außen mit einem Viertelkreis vervollständigt. In den inneren Kreisen wechselt die Farbe.   4.) c. Jede Figur hat eine Seite mehr. Der Kreis dreht sich im Uhrzeigersinn   5.) d. Die Figur wird mit kleinen Quadraten vervollständigt. Das innere Kreuz wechselt die Farbe.   6.) b. Die Einzelfiguren werden zyklisch nach links vertauscht.   7.) b. Die blaue Kugel bewegt sich jeweils zum anderen grünen Dreieck.   8.) d. In jedem nächsten Bild kommt ein lila Balken hinzu. Die Anzahl von Kugeln reduziert sich um 2.   9.) b. Die Figur besteht jeweils aus vier Flächen in unterschiedlichen Farben.   10.) a. Der Kreis bewegt sich im Uhrzeigersinn. Die Anzahl der gelben Balken vergrößert sich um 1.

14. Untertest: Wörter erkennen (WE) / Max. Punkte: 10 (S. 221)

1.) Behörde, Administration, Instanz, Institution, Verwaltung, Amt, Amt der Landesregierung, Verwaltungsorgan, kirchliche Dienststelle, Bundesministerium, Gemeindeamt   2.) Phantasie, Anschauungskraft, Vorstellungsgabe, Vorstellungskraft, Vorstellungsvermögen, Imagination, Einbindungskraft, Einbindungsvermögen, Einfallsreichtum, Erfindergeist, Erfindungsgabe, Erfindungsreichtum, Findigkeit, Gedankenreichtum, Ideenreichtum, Schöpfertum, Kreativität, Originalität.   3.) Vernehmung, Befragung, Verhör.   4.) Gleichtun, imitieren, kopieren, nachbilden, zum Vorbild nehmen, plagiieren, nachahmen, nachmachen.   5.) Tiefe, Dimension, vertikale Entfernungsangabe.   6.) Schlaf, Ruhe.   7.) Nerven, Geduld, Fassung, Ruhe.   8.) Atom.   9.) Rost.
10.) Erklären, lehren, deuten, äußern, mitteilen, sagen, darlegen, definieren, konkretisieren, veranschaulichen, seine Haltung zum Ausdruck bringen, erläutern, erörtern, klarlegen, klarmachen.

15. Untertest: Zahlen und Symbole (ZS) / Max. Rohwertsumme: 126 Punkte   (S. 222)

Umrechnungstabelle für den Untertest Zahlen und Symbole / Max. Punkte: 10

Rohwertsumme	Punkte
0–20	1
21–28	2
29–35	3
36–43	4
44–51	5

Rohwertsumme	Punkte
52–58	6
59–66	7
67–73	8
74–83	9
84–126	10

Lösungen: Zahlen und Symbole

2	5	3	4	1	5	1	6	4	3	1	2	6	3	5	1	4	6	2	6	3
T	✓	×	♌	⌣	✓	⌣	△	♌	×	T	△	×	✓	⌣	♌	△	T	△	×

3	6	7	1	4	7	6	2	3	4	6	5	7	1	2	4	5	3	7	3	6
×	△	&	⌣	♌	&	△	T	×	♌	△	✓	&	⌣	T	♌	✓	×	&	×	△

5	3	2	1	8	2	5	7	1	7	6	2	7	1	8	5	1	7	5	3	8
✓	×	T	⌣	#	T	✓	&	⌣	&	△	T	&	⌣	#	✓	⌣	&	✓	×	#

4	9	2	8	2	9	1	7	8	5	1	5	8	5	7	1	9	3	5	8	1
♌	○	T	#	T	○	⌣	&	#	✓	⌣	✓	#	✓	&	⌣	○	×	✓	#	⌣

8	3	6	1	7	9	4	5	3	2	4	9	3	4	3	6	8	3	7	1	4
#	×	△	⌣	&	○	♌	✓	×	T	♌	○	×	♌	×	△	#	×	&	⌣	♌

7	5	1	4	6	2	3	9	4	5	8	1	3	9	6	4	1	8	7	4	5
&	✓	⌣	♌	△	T	×	○	♌	✓	#	⌣	×	○	△	♌	⌣	#	&	♌	✓

16. Untertest: Wörter gruppieren (WG) / Max. Punkte: 10 (S. 223)

genervt, schüchtern, vorsichtig, einsam, begeistert, empört, wütend, traurig, überrascht, entschlossen

Auswertung zu den Testaufgaben für das Alter 11–12 Jahre (Kopiervorlage)

Name des Kindes: _____

Tabellarische Darstellung der Ergebnisse (Durchschnittswerte)

Tragen Sie die Punktzahlen für die gelösten Untertests in diesen Bogen ein. Berechnen Sie die durchschnittliche Leistung Ihres Kindes in den einzelnen Bereichen.

Sprachverständnis				Verarbeitungskapazität				Logisches Denken				Bearbeitungsgeschwindigkeit			
WS	AV	WE	AW	ER	WA	TM	GM	BE	MZ	LE	FR	SF	BD	WG	ZS

Durchschnitt (Punkte):	Durchschnitt (Punkte):	Durchschnitt (Punkte):	Durchschnitt (Punkte):

Untertest-Punkte-Profil

Verbinden Sie die Punkte, die der Leistung Ihres Kindes entsprechen. Sie erhalten sein persönliches Untertest-Punkte-Profil.

Sprachverständnis				Verarbeitungskapazität				Logisches Denken				Bearbeitungsgeschwindigkeit				Punkte
WS	AV	WE	AW	ER	WA	TM	GM	BE	MZ	LE	FR	SF	BD	WG	ZS	
•	•	•	•	•	•	•	•	•	•	•	•	•	•	•	•	1
•	•	•	•	•	•	•	•	•	•	•	•	•	•	•	•	2
•	•	•	•	•	•	•	•	•	•	•	•	•	•	•	•	3
•	•	•	•	•	•	•	•	•	•	•	•	•	•	•	•	4
•	•	•	•	•	•	•	•	•	•	•	•	•	•	•	•	5
•	•	•	•	•	•	•	•	•	•	•	•	•	•	•	•	6
•	•	•	•	•	•	•	•	•	•	•	•	•	•	•	•	7
•	•	•	•	•	•	•	•	•	•	•	•	•	•	•	•	8
•	•	•	•	•	•	•	•	•	•	•	•	•	•	•	•	9
•	•	•	•	•	•	•	•	•	•	•	•	•	•	•	•	10

Verwendete Tests und Literatur

Tests

Holocher-Ertl, S. / Kubinger, K.D. / Hohensinn, C. (2008a): Hochbegabungsdiagnostik: HAWIK-IV oder AID 2. Kindheit und Entwicklung. Göttingen: Hogrefe

Jäger A.O. / Süß H.-M. / Beauducel A. (1997): Berliner Intelligenzstruktur-Test. Manual. Göttingen: Hogrefe

Petermann, Franz / Petermann, Ulrike (2011): Wechsler Intelligence Schale for Children – Fourth Edition(WISC-IV). Manual 1. Grundlagen, Testauswertung und Interpretation. Frankfurt: Pearson Assessment & Information

Petermann, F., Petermann, U. (Hrsg) (^{2}2008): Manual HAWIK IV. Bern: Huber

Kubinger K.D. (2009): Adaptives Intelligenz Diagnostikum 2 (Version 2.2). Manual. Göttingen: Hogrefe

Weiß R.H., Osterland J. (2012): CFT1-R Manual. Göttingen: Hogrefe

Weiß R.H. (2006): CFR20-R. Grundintelligenztest Skala 2 - Revision (CFT 20-R) mit Wortschatztest und Zahlenfolgentest - Revision (WS/ZF-R)Grundintelligenztest Skala 2 - Revision (CFT 20-R) mit Wortschatztest und Zahlenfolgentest - Revision (WS/ZF-R). Göttingen: Hogrefe

Literatur

Aster/Lorenz (Hrsg.) (2005): Rechenstörungen bei Kindern. Göttingen: Hogrefe

Baumert, Ingrid (1973): Untersuchung zur diagnostischen Valenz des HAWIK und die Entwicklung einer Kurzform (WIPKI). Bern: Huber

Brähler, E. / Holling, H. / Leutner, D. / Petermann, F. / Brickenkamp, R. (Hrsg.) (2002): Brickenkamp Handbuch psychologischer und pädagogischer Tests. Göttingen: Hogrefe

Cooper, L.A. / Shepard, R.N. (1987): Rotationen in der räumlichen Vorstellung. In: Wahrnehmung und visuelles System. Heidenberg: Spektrum der Wissenschaft

Keller, Gustav (1994): Der Lernknigge für Jugendliche und Erwachsene. Bad Honnef: Verlag Karl Heinrich Bock

Miltner, Frank / Siefer, Werner / Scheppach, Josef / Breitenfeld, Julianne (1999): Besser denken besser leben. Düsseldorf: Verlag das Beste

Preuschoff, Gisela (2005): Von 9 bis 12. Nicht mehr klein und doch nicht groß. Köln: PapyRossa Verlag

Reichel, W. (2005): Der große Intelligenztest. IQ+EQ-Test-Training mit mehr als 600 Fragen und Antworten. Stuttgart: Klett-Cotta

Rupprich, Ursula (^{2}1999): Geistige Fitness durch Gedächtnistraining. Heidelberg: Hüthig

Quellenangabe für die verwendeten Bilder:

www.freepik.com

Online-Quellen:

www.bpb.de/nachschlagen/lexika/lexikon-der-wirtschaft/21136/wirtschaftswachstum (Aufruf 26.11.2015)

https://de.wikipedia.org/wiki/Respekt (Aufruf 26.11.2015)

www.linkfang.de/wiki/liste_der_staatsformen (Aufruf 26.11.2015)

Gesetzestexte:

§323c StGB: Erste Hilfe

§39 Abs. 2 Satz 1 StVO: Verkehrszeichen

§323c StGB: Unterlassene Hilfeleistung

Raum für Notizen

Raum für Notizen

Raum für Notizen

Spielend entspannen ...

Wir sind genauso schnell wie ... Andere!
Bis 10 Uhr bestellen, superschnelle Lieferung innerhalb BRD mit DHL Paket ab dem nächsten Tag!

Sonja Quante
Was Kindern gut tut!
Handbuch der erlebnisorientierten Entspannung

Dieses Handbuch richtet sich an alle, die ohne viel Aufwand und ohne umfangreiche Vorkenntnisse kindgemäße Entspannungsformen in den Alltag integrieren wollen. Doch nicht jede Methode ist für jedes Kind, jedes Alter und jede Situation geeignet. So profitieren Kinder mit ADHS beispielsweise von Berührspielen mit klaren taktilen Reizen oder von Methoden, die An- und Entspannung beinhalten. Sehr reizarme Stilleübungen können ihre motorische Unruhe sogar eher noch verstärken. Deshalb sind in diesem Buch verschiedenste Formen von Entspannungsspielen und -geschichten zusammengestellt, die sich für die Therapie genauso eignen wie für den passgenauen Einsatz in Kindergarten, Schule und Familienalltag. Alle Anregungen haben Erlebnischarakter. Sie orientieren sich an den ganzheitlichen Bedürfnissen von Kindern. Das Buch ist übersichtlich, leicht verständlich und mit vielen illustrierenden Fotos gestaltet. Die Angabe von Zielen und methodischen Schwerpunkten sowie organisatorischen Hinweisen zu jeder Übung machen es zu einem nützlichen Nachschlagewerk im pädagogisch-therapeutischen Alltag.

4. Aufl. 2015, 304 S., viele SW-Fotos, Format 16x23cm, Klappenbroschur, Alter: 3–10
ISBN 978-3-8080-0760-1 | Bestell-Nr. 8321 | 19,95 Euro

Gordon Wingert / Helga Vollmari / Bernadette Legner
Entspannung – pur!
Fantasiereisen für Kinder und Jugendliche

„Entspannung – pur!" unterstützt durch altersgerechte Fantasiereisen und Übungen Kinder und Jugendliche dabei, zur Ruhe zu kommen. Grundlage hierfür bildet das Autogene Training (AT). Es stellt seit mehr als 20 Jahren einen festen Bestandteil in der Therapie von unkonzentrierten und als verhaltensschwierig geltenden Kindern und Jugendlichen dar. Alle Geschichten wurden im Rahmen dieser Arbeit in großen Gruppen ausprobiert. Erst wenn die Teilnehmer sie als gut und hilfreich empfanden, kamen sie in diese Sammlung.
Das Buch ist „pur!", d.h. in der Praxis sofort einsetzbar. Für die Durchführung ist keine oder wenig Vorbereitung nötig. Der Anwender kann unmittelbar mit Entspannungsübungen in Form von Geschichten beginnen und sie in der eigenen Arbeit einsetzen:
• im Training (z.B. als Bestandteil eines Konzentrations- oder Verhaltenstrainings)
• in der Schule (z.B. als Auflockerung und geeignete Vorbereitung auf den Lernstoff)
• in der Therapie (z.B. als Therapiebaustein) und
• beim eigenen Kind (z.B. als Gute-Nacht-Geschichte)

2015, 240 S., farbige Abb., Format 16x23cm, Klappenbroschur, Alter: ab 4, | **ISBN 978-3-8080-0750-1 | Bestell-Nr. 5229 | 19,95 Euro**

NEU

Dieter Krowatschek / Caroline Reid
Die Fly reist um die Welt
Neue Entspannungsgeschichten für unruhige, unauffällige, übermütige und ängstliche Kinder

„Mit Flys Hilfe gelingt es auch unruhigen Kindern, ruhig zu werden. Die meisten Geschichten sind lustig, sie sprechen aber auch häufige Probleme an, mit denen Kinder in ihrem Alltag umgehen müssen. Gestresste, fahrige und ängstliche Kinder können nicht gut lernen. Daher ist es wichtig, dass schon kleine Kinder lernen, wie man sich bewusst entspannen kann; Entspannung unterstützt Aufmerksamkeit.
Die in diesem schön gestalteten Buch versammelten Geschichten von der Hündin Fly dienen der Entspannung von Kindern. Die Hündin Fly erfährt und durchlebt zusammen mit den Kindern eine Reihe von Abenteuern. Das macht die Entspannungssituation für Kinder attraktiv und es fällt ihnen leichter, sich auf Entspannung einzulassen. Die Entspannungsgeschichten orientieren sich an der Grundstufe des Autogenen Trainings. Sie beruhigen, verbessern das Vorstellungsvermögen, aktivieren Kreativität und Phantasie und versetzen die Kinder in einen Zustand der Entspannung."
Dieter Bach, lehrerbibliothek.de

2. Aufl. 2015, 200 S., farbige Abb., Format 16x23cm, fester Einband, Alter: 5–12
ISBN 978-3-938187-73-9 | Bestell-Nr. 9422 | 22,80 Euro

Dieter Krowatschek / Uta Theiling
Geschichten von der Fly
Entspannung für unruhige, unauffällige, übermütige und ängstliche Kinder

Die Entspannungsgeschichten orientieren sich an der Grundstufe des Autogenen Trainings. Sie beruhigen, verbessern das Vorstellungsvermögen, aktivieren Kreativität und Phantasie und versetzen die Kinder in einen Zustand der Entspannung. Detaillierte Durchführungshinweise werden gegeben, der therapeutische Hintergrund mancher Geschichten genau erläutert – wie z.B. der Umgang mit Angst, mit Enttäuschungen, mit Verlust oder mit Trauer. Die meisten Geschichten aber sind lustig. Sie erfreuen sich großer Beliebtheit bei Kindern von fünf bis zwölf Jahren. Sie hören die Geschichten von der Fly mit Begeisterung, nehmen an ihren Abenteuern Anteil, setzen sich mit den Geschichten gern auseinander und gewinnen Mut und Zuversicht für ihren Alltag. Auch die lustigen Illustrationen von Caroline Schmidt regen zu Gesprächen an. Die Entspannungsgeschichten können problemlos in unterschiedlichste Situationen eingebunden werden.
„Dieses Buch ist ohne Wenn und Aber zu empfehlen – ob die Sprösslinge nun unruhig, übermütig, ängstlich oder unauffällig sind. Übrigens: Die Fly gibt es wirklich." Antje Merke, Schwäbische Zeitung

3. Aufl. 2015, 192 S., ganzseitige farbige Abb., Beigabe: Audio-CD, Format 16x23cm, fester Einband, Alter: 5–12
ISBN 978-3-938187-50-0 | Bestell-Nr. 9400 | 26,80 Euro

Schleefstraße 14, D-44287 Dortmund
Telefon 02 31 12 80 08, Fax 02 31 12 56 40
Gebührenfreie Bestell-Hotline: Telefon 08 00 77 22 345, Fax 08 00 77 22 344
Leseproben und Bestellen im Internet: www.verlag-modernes-lernen.de

Konzentration und Entspannung

mit Dieter Krowatschek, Gordon Wingert u.a.

- **Soziales Lernen – pur!**
  mit Gordon Wingert und Gita Krowatschek
  Beliebte Übungen für die Arbeit in Gruppen
  2012, 224 S., Format 16x23cm, Klappenbroschur, ISBN 978-3-938187-72-2,
  Bestell-Nr. 9421, € 18,80

- **Schwierige Schüler im Unterricht** – Was wirklich hilft
  mit Gordon Wingert. 2010, 308 S., vierfarbig, Beigabe: CD-ROM, Format DIN A4, im Ordner,
  ISBN 978-3-86145-315-4, **Bestell-Nr. 8410, € 40,00**

- **Marburger Konzentrationstraining für Jugendliche (MKT-J)**
  mit Gita Krowatschek und Gordon Wingert
  3. Aufl. 2012, 240 S., Farbabb., DIN A4, im Ordner, ISBN 978-3-938187-58-6, **Bestell-Nr. 9386, € 40,00**

- **Schwarzes Theater – leicht gemacht**
  Ausstattung und Spielvorschläge für die Schule
  mit Uta Hengst und Dieter Leiterer
  5. Aufl. 2013, 116 S., vierfarbig, Format 16x23cm, Ringbindung, ISBN 978-3-86145-196-9,
  Bestell-Nr. 8308, € 20,40

- **Marburger Verhaltenstraining (MVT)**
  ADS/ADHS – Materialien für Diagnostik und Gruppentraining
  in Schule und Therapie
  mit Gordon Wingert. 5. Auflage 2013, 308 S., mit Farbabb., DIN A4, im Ordner,
  ISBN 978-3-86145-316-1, **Bestell-Nr. 8315, € 40,00**

- **Mit dem Zauberteppich unterwegs**
  Entspannung in Schule, Gruppe und Therapie für Kinder und Jugendliche
  mit Uta Hengst, 4. Aufl. 2014, 344 S., Beigabe: Audio-CD (Laufzeit 72 Min.), Format 16x23cm,
  fester Einband, ISBN 978-3-938187-12-8, **Bestell-Nr. 9355, € 29,80**

- **Marburger Konzentrationstraining für Schulkinder**
  mit Gita Krowatschek und Caroline Reid, 9., durchges. Auflage 2015, 260 S., viele, neue Kopiervorlagen,
  farbige Abb., Format DIN A4, im Ordner, ISBN 978-3-8080-0759-4, **Bestell-Nr. 8365, € 40,00**

- **Marburger Konzentrationstraining (MKT)
  für Kindergarten, Vorschule und Eingangsstufe**
  mit Sybille Albrecht und Gita Krowatschek, 4. Aufl. 2013, 244 S., davon 100 S. Kopiervorlagen,
  farbige Abb., Format DIN A4, im Ordner, ISBN 978-3-86145-269-0, **Bestell-Nr. 8334, € 40,00**

- **Die Fly reist um die Welt**
  Neue Entspannungsgeschichten für unruhige, unauffällige,
  übermütige und ängstliche Kinder
  mit Caroline Reid, 2011, 200 S., farbige Abb., Format 16x23cm, fester Einband,
  ISBN 978-3-938187-73-9, **Bestell-Nr. 9422, € 22,80**

- **Gruppenspiele – pur!**
  177 Übungen für Training, Unterricht und Therapie
  – Besonders gut einsetzbar mit den MKTs und dem MVT!
  von Gordon und Janine Wingert, 2014, 304 S., farbige Abb., Format 16x23cm, Klappenbroschur,
  ISBN 978-3-8080-0738-9, **Bestell-Nr. 5225, € 21,95**

- **Geschichten von der Fly**
  Entspannung für unruhige, unauffällige, übermütige und ängstliche Kinder
  mit Uta Theiling und Caroline Schmidt, 2. Aufl. 2012, 192 S., farbige Abb., Beigabe: Audio-CD,
  Format 16x23cm, fester Einband, ISBN 978-3-938187-50-0, **Bestell-Nr. 9400, € 26,80**

- **Entspannung – pur!**   **NEU!**
  Fantasiereisen für Kinder und Jugendliche
  von Gordon Wingert, Helga Vollmari, Bernadette Legner, 2015, 240 S., farbige Abb., Format 16x23cm,
  Klappenbroschur, ISBN 978-3-8080-0750-1, **Bestell-Nr. 5227, € 19,95**

BORGMANN MEDIA

verlag modernes lernen   borgmann publishing

Schleefstr. 14 • D-44287 Dortmund • **Gebührenfreie Bestell-Hotline:** Tel. 0800 77 22 345 • FAX 0800 77 22 344
Ausführliche Informationen und Bestellen im Internet: **www.verlag-modernes-lernen.de**

Praxisbücher von Prof. Dr. Erich Kasten

Erich Kasten
Progressives Gedächtnis- und Konzentrationstraining

Am Anfang des Bandes finden Sie einen Test, mit dem Sie prüfen können, ob Sie wirklich Schwierigkeiten des Behaltens haben. Das Buch erklärt dann, wie man Texte bearbeitet, die wichtigsten Informationen herausfiltert und wie man sich diese am besten einprägen kann.

In zehn Kapiteln werden anschließend kurze Artikel vorgelegt, die auf diese Weise bearbeitet werden sollen. Die Abfrage der Informationen wird durch eine riesige Fülle von Übungen verzögert, z.B. Konzentrationstrainings, Aufgaben zum Leseverständnis, freies Zeichnen, fehlende Buchstaben finden, Fehlersuche, Übungen zum logischen Denken, den Weg durch ein Labyrinth suchen, Aufgaben zur Rechtschreibung und zum Kopf- und Textaufgaben-Rechnen, Geheim-Code-Entziffern, Sätze ergänzen, Altgedächtnis prüfen und vieles andere mehr. Die Bearbeitung macht Spaß, der Übende lernt Gedächtnistechniken anzuwenden und merkt rasch, dass man Informationen auf diese Weise gut behalten kann. Die einzelnen Kapitel haben ansteigenden Schwierigkeitsgrad, sowohl bei den Merk- als auch bei den Konzentrationsübungen, und sind dadurch für nahezu alle Gruppen von Betroffenen gut geeignet.

› 2. Aufl. 2014, 232 S., Format 16x23cm, br, Alter: ab Jugendalter
ISBN 978-3-938187-61-6 | Bestell-Nr. 9412 | 17,90 Euro

Erich Kasten
Lesen, merken und erinnern
Übungen für Vergessliche und Ratschläge für Angehörige und Therapeuten

„Das anschaulich geschriebene Arbeitsbuch über die Therapie von Störungen des Mittelzeitgedächtnisses bietet über 70 erwachsenengerechte Aufgaben für lese- und schreibfähige Patienten. Dabei gibt es acht verschiedene Aufgabentypen, wie Wortlisten merken, Zeitungsartikel lesen und wiedergeben oder Einkäufe per Liste erledigen. Durch die verschiedenen Aufgabentypen können gleichermaßen unterschiedliche Gedächtnisstrategien vermittelt, aber auch dem Lerntyp entsprechende Varianten beim Assoziieren ausfindig gemacht werden. Zu Beginn eines jeden Kapitels werden dem Leser die betreffenden Strategien dargestellt, die bei den dann folgenden 10 Aufgaben des gleichen Typs verwendet werden können. Der Übungsteil ist auch als Eigenprogramm und Therapiematerial für Kleingruppen verwendbar.
Das Buch ist allen Vergesslichen sowie deren Angehörigen und Therapeuten, die gerne mit Papier und Bleistift arbeiten, statt am Bildschirm zu sitzen, sehr zu empfehlen." Kirsten Minkwitz, Ergotherapie & Rehabilitation

„Ich empfehle das Buch Menschen jeden Alters, die einfach mal etwas für ihr Gedächtnis tun möchten, ohne größere Einschränkungen zu haben. Es gibt dem Leser die Möglichkeit, in seiner eigenen Geschwindigkeit ein strukturiertes Training zu absolvieren." Natali Mallek, www.mal-alt-werden.de

5., überarbeitete Aufl. 2011, 192 S., durchgehend illustriert, Format 16x23cm, br, Alter: ab 13
ISBN 978-3-86145-332-1 | Bestell-Nr. 8533 | 15,30 Euro

Erich Kasten
Übungsbuch Hirnleistungstraining

Hier finden Sie 137 abwechslungsreiche Übungen mit insgesamt zweitausend Einzelaufgaben, um ein gezieltes Hirnleistungstraining durchzuführen. Anhand von Symbolen im Inhaltsverzeichnis lassen die Übungen sich leicht bestimmten Schwerpunkten zuordnen, z.B.: Konzentration, Gedächtnis, Sprache, visuelle Wahrnehmung, Lesen, Textverständnis, Schreiben, Rechnen, Graphomotorik und Nachdenken. Innerhalb der einzelnen Übungsbereiche haben die Aufgaben meist ein ansteigendes Schwierigkeitsniveau, um das Leistungsvermögen stufenweise zu erhöhen. Viele der Aufgaben fördern auch die Kreativität des Übenden und machen richtig Spaß. Ein Hirnleistungstraining mit diesem Buch wird für Jung und Alt nicht zur langweiligen Pflichtübung, sondern zur interessanten Herausforderung, an der man eigene Fähigkeiten messen und trainieren kann. Durch die große Fülle unterschiedlichster Übungen eignet sich das Buch ebenso zur Erhöhung der Konzentration bei lernschwachen Schülern, zur Behandlung von Patienten mit Leistungseinbußen nach einer Hirnschädigung wie auch zur Anregung für ältere Menschen und alle anderen, die sich geistig fit halten wollen.

› 6. Auflage 2012, 240 Seiten, 16x23cm, br, Alter: ab 18
ISBN 978-3-86145-311-6 | Bestell-Nr. 8552 | 17,50 Euro

Pressestimmen zum: Übungsbuch Hirnleistungstraining

„Das Buch eignet sich für Übungsleiter und Therapeuten, die im Bereich Hirnleistungstraining, Gehirntraining, Gedächtnistraining und Co. tätig sind. Die Übungen lassen sich sofort einsetzen und sind bestimmten Trainingszielen in übersichtlicher Art und Weise zugeordnet. Insgesamt eine Bereicherung meines Bücherregals." Natali Mallek, www.mal-alt-werden.de

„Durch die große Fülle unterschiedlichster Übungen eignet sich das Buch sowohl zur Erhöhung der Konzentration bei lernschwachen Schülern, zur Behandlung von Patienten mit Leistungseinbußen nach einer Hirnschädigung, als auch zur Anregung für alle, die sich geistig fit halten wollen." Sichere Arbeit (A)

„Kasten informiert einleitend kurz über die Geschichte der Hirnforschung, über Ursachen und Folgen von Hirnschäden und über Möglichkeiten, Gehirnfunktionen zu trainieren. Im Hauptteil findet sich dann eine Fülle von Übungen (mit Aufforderungen zum Eintragen in das Buch), mit denen Hirnleistungstraining bei erkrankten Erwachsenen durchgeführt werden kann.
Die Aufgaben sind verschiedenen Funktionsstörungen und Trainingsbereichen (Konzentration, Gedächtnis, Sprache, visuelle Wahrnehmung ...) zugeordnet und können nicht nur von Fachleuten, sondern auch von betroffenen Angehörigen eingesetzt werden." ekz-Informationsdienst für Bibliotheken

---

Schleefstraße 14, D-44287 Dortmund
Telefon 02 31 12 80 08, Fax 02 31 12 56 40
Gebührenfreie Bestell-Hotline: Telefon 08 00 77 22 345, Fax 08 00 77 22 344
Leseproben, Rezensionen, Bestellen im Internet: www.verlag-modernes-lernen.de

 verlag modernes lernen